EDUCAÇÃO TRANSFORMADORA

EDIÇÃO REVISADA

EDUCAÇÃO TRANSFORMADORA

VICENTE HAO CHIN JR.

Tradução: Edvaldo Batista de Souza

EDITORA
TEOSÓFICA

Golden Link College Foundation, Inc.
Waling-Waling St.,
North Caloocan City, Philippines

EDITORA TEOSÓFICA
SIG Quadra 6, Nº 1235
70.610-460 — Brasília-DF — Brasil
Tel.: (61) 3322.7843
E-mail: editorateosofica@editorateosofica.com.br
Site: www.editorateosofica.com.br

C539 Hao Chin Jr., Vicente
Educação transformadora / Vicente Hao Chin Jr...,
Brasília: Editora Teosófica, 2021.
232p.;

Título original: On Education

ISBN 978-65-88797-50-1

1. Educação. 2. Teosofia.
I. Título.

CDU 37:141.332

Revisão: Valéria Marques de Oliveira
Diagramação: Leandro Collares
Capa: Usha Vellasco
Impressão: Gráfika Papel e Cores (61) 3344-3101
E-mail: papelecores@gmail.com

Sumário

Prefácio da edição brasileira

Cada vez mais a educação transformadora tem sido alvo de interesse de pais e de educadores que buscam preparar crianças e jovens não apenas para exercer uma profissão, mas para se tornarem pessoas completas.

Estimuladas a trazerem à luz o que têm de melhor dentro de si, e preparadas para enfrentarem os desafios da vida como um todo, não somente na área profissional, mas pessoal, conjugal, familiar, social e nos relacionamentos em geral, os jovens são educados de uma maneira livre, sem autoridade, de modo que, quando adultos, possam ser pessoas livres de condicionamentos e preconceitos, e aprendam a se relacionar através de um infinito processo de percepção e autoconhecimento.

Este livro traz a experiência do educador Vicente Hao Chin Jr., ex-presidente da Sociedade Teosófica nas Filipinas e integrante do Conselho Internacional da Sociedade Teosófica. O autor fundou, em seu país, as escolas Golden Link, que vão desde a pré-escola até os cursos superiores, sendo ele também o diretor da ATA — Adyar Theosophical Academy, escola inovadora que funciona na sede da Sociedade Teosófica Internacional, em Chennai, na Índia.

Esta obra trata da educação teosófica contendo não apenas princípios, mas a experiência prática de quem, há mais de três décadas, se dedica ao *mister* de educar crianças e adolescentes, preparando-os não apenas para uma profissão, mas para a vida.

Todas as religiões, em geral, são esforços de elevação da consciência humana para um viver mais fraterno, ético e cooperativo. Todavia, quase todas, quando institucionalizadas, terminam criando autoridades eclesiásticas, poderes e dogmas que limitam a consciência e dividem os seres humanos entre si.

Cada vez mais surgem pessoas que querem compreender a vida e a si mesmas, por si próprias, independentemente da autoridade de quem quer que seja. As mentes mais elevadas já não mais se deixam influenciar por dogmas, tradições e receitas para um padrão convencional de existência.

A educação transformadora, que tem raízes na literatura teosófica e nos ensinamentos de J. Krishnamurti, ganha nesta obra contornos bastante práticos, que revelam a aplicação desses elevados princípios no dia a dia de jovens e de professores.

Na medida em que as religiões dogmáticas tendem a perder o poder de influência sobre as mentes mais elevadas, a educação transformadora, através de abordagens não condicionadoras da consciência humana, mas libertadoras do poder criador que existe nos níveis mais profundos de nossa subjetividade, passa a ser um importante instrumento de transformação do mundo, através de cada indivíduo.

Ouso dizer que, nos séculos vindouros, a educação transformadora terá um papel ainda mais importante do que tiveram as religiões ao longo de eras, para conduzir o ser humano à plenitude, a um viver integral, à descoberta da verdade, e a relacionar-se de forma fraterna, solidária e cooperativa.

As sementes colhidas da sabedoria atemporal e plantadas a partir da fundação da Sociedade Teosófica, na segunda metade do século XIX, germinadas no século XX, através da mensagem de J. Krishnamurti, agora, no século XXI, começam a se tornar viçosos arbustos, que certamente se tornarão árvores frondosas, dando muitas flores e frutos ao longo deste milênio.

A transformação do mundo passa necessariamente pela transformação do indivíduo, de cada um de nós. Na juventude, a mente é aberta, permeável, reunindo todas as condições para o florescimento das potencialidades internas, por não estar a consciência corrompida e condicionada pelos valores de uma sociedade egoísta, que cultua predominantemente o sucesso e o dinheiro.

A educação transformadora é o trabalho mais importante a ser feito para que se possa, ao longo de poucas gerações, trazer o mundo a uma condição muito mais humana, fraterna e feliz.

Marcos Luís Borges de Resende
Diretor da Editora Teosófica

Prefácio da edição em inglês

Há uma necessidade urgente de revisar o ensino pelo qual os nossos filhos passam durante mais de dez anos de suas vidas. Existem várias razões para isso.

Primeiro, as escolas tradicionais não educam as crianças para torná-las as pessoas maduras e equilibradas que devem ser. As escolas geralmente visam preparar os jovens para empregos, profissões e ganhar dinheiro, como se isso fosse tudo na vida. Essa é uma visão estreita tanto da vida quanto da educação.

Segundo, ao tentarem ser eficientes nessa tarefa, as escolas usam métodos que produzem medo, ressentimento e estresse nos jovens, causando infelicidade e até mesmo neurose.

Terceiro, ao usar a classificação e a competição, as escolas fomentam a mentalidade de que a vida consiste em nos tornarmos melhores que os outros, ao invés de nos tornarmos o melhor que possamos ser. Isso dá origem à mentalidade de correria e da lei do mais forte, sendo responsável por muitas das doenças sociais à nossa volta.

Quarto, muitas escolas falham na tarefa essencial de cultivar uma personalidade saudável e um bom caráter. A condição de qualquer sociedade é o reflexo da eficácia ou ineficácia de como a geração anterior educou seus filhos de forma ética. Crime, drogas, guerras, injustiça, hostilidades inter-raciais e inter-religiosas — esses são apenas os sintomas dessas profundas inaptidões na educação.

No século passado, ou algo assim, vários pensadores e educadores tentaram remediar a deficiência e o escopo limitado das escolas tradicionais. Eles foram pioneiros do que tem sido chamado de escolas progressivas ou alternativas. Este livro reafirma a importância dessas reformas ou revoluções na educação. Elas são a principal, se não a única esperança para a humanidade, ao criarem um mundo pacífico e em fomentarem o verdadeiro bem-estar do indivíduo em grande escala. Escolas visionárias podem usar vários métodos e abordagens, mas sua principal missão parece ser semelhante: cultivar indivíduos sadios através da compreensão da vida e da natureza humana (não baseados na agenda do estado ou de uma religião), e usar métodos que não desenvolvam modos de pensar e comportamentos que sejam destrutivos para o indivíduo e a sociedade.

Os princípios discutidos neste livro foram testados e tentados durante mais de vinte anos nas escolas estabelecidas pela Sociedade Teosófica nas Filipinas, cujo principal campus é o Golden Link College, em Caloocan City. Desde 2020 existem seis dessas escolas em cinco cidades nas Filipinas. Uma escola semelhante foi aberta na Índia em 2019. As escolas colocam a construção do caráter como sua mais elevada prioridade, usando abordagens educativas que não geram medo, insegurança, competição e classificação. Não existe castigo. Professores e alunos aprendem a lidar e a resolver seus próprios conflitos internos e externos. A comunidade escolar é como uma família onde os alunos não têm medo, mas respeito por seus professores e administradores. Não é sectária e encoraja os alunos a pensarem livremente ao sondarem o que é certo e o que é verdadeiro. Mesmo a cantina, por razões de saúde, ecologia e ética não oferece refrigerantes ou comida sem qualidade e é totalmente vegetariana.

Os alunos do nível médio e os da faculdade do Golden Link College têm cursos de autopercepção, autodomínio, autodesenvolvimento, relações humanas e meditação. Essa é uma parte vital do currículo. A maioria das crianças cresce em ambientes que criam graus variados de insegurança psicológica, defensiva, ira, mágoa e até mesmo depressão. Estas coisas tornam-se padrões de reação subconscientes que as tornam incapazes de enfrentar a realidade com maturidade. Elas devem crescer livres desses ônus, por torná-las infelizes e menos eficazes na vida.

As escolas Golden Link, portanto, incorporam lições de autotransformação em seus currículos — como eliminar temores, ressentimentos, ódio, depressão, ira e comportamentos angustiantes semelhantes. Os alunos aprendem a tornar mais cordiais os seus relacionamentos e interações com as pessoas, sendo mais positivos ao expressarem suas afeições àqueles a quem amam, e em serem assertivos sem serem agressivos.

Os alunos também estudam filosofia e religião comparada para ampliar sua compreensão de questões mais profundas na vida e na Natureza. Eles desenvolvem uma compreensão respeitosa de outras crenças e uma atitude de tolerância.

Este livro esboça os princípios de uma filosofia educacional e de metodologias que procuram cultivar indivíduos equilibrados e coerentes que serão competentes, éticos, socialmente responsáveis e felizes. Alguns métodos defendidos aqui já podem ser prática padrão em alguns países, mas não em outros, particularmente nas Filipinas e em muitos países asiáticos. Portanto, quando inadequações de sistemas escolares são descritos, o leitor é convidado a lembrar que não se referem a todas as escolas ou sistemas educacionais.

Confiantemente, com uma proliferação mais ampla de abordagens educacionais saudáveis, os alunos de escolas que as adotam serão os cidadãos globais do futuro que ajudarão a trazer paz e harmonia ao nosso mundo.

Eu gostaria de expressar minha profunda gratidão a Diana Dunningham Chapotin que revisou os manuscritos e fez muitas sugestões e comentários valiosos. Joselito Cendana que também analisou o texto e de igual modo forneceu-me muitos comentários úteis.

Vicente Hao Chin Jr.

1 Por que mandamos os filhos para a escola?

No dia 1º de setembro de cada ano duas coisas acontecem no Japão. Primeiro, é o dia de início das aulas em todas as escolas do país. Segundo, é o dia do mais alto número de suicídio estudantil no país durante o ano.

O padrão tornou-se tão alarmante que o Conselho de Ministros do Japão fez um estudo sobre o suicídio infantil no período de 1972 a 2013. Descobriu-se que havia um aumento distinto no número de suicídio infantil durante dois períodos de cada ano: do final de agosto ao início de setembro, que é o início do ano letivo após as férias de verão, e meados de abril, quando as escolas reabrem após a interrupção na primavera (Lu, 2015). Ficou claro que os suicídios estavam ligados ao início das aulas.

Num artigo intitulado "*The Mystery Behind Japan's High Suicide Rates Among Kids*" (*O Ministério Por Trás da Alta Taxa de Suicídio Entre as Crianças no Japão*), Stephanie Lu escreveu:

> Após reunir os registros de casos de suicídios em 2006, a polícia notou um drástico aumento no número de alunos que culpam as exorbitantes pressões escolares como a principal fonte de seus problemas. Esses problemas relacionados à escola afetam crianças de todas as idades de maneira mais ou menos idêntica, quer os alunos estejam no ensino fundamental ou no médio. (Lu, 2015).

Este medo da vida escolar não se limita apenas ao Japão. Na Coreia do Sul o suicídio estudantil é a causa número um de mortes de crianças. Crescentes taxas de suicídio estudantil foram similarmente notadas na China, Hong Kong, Estados Unidos, Reino Unido e Índia. O *The Times* da Índia informou que um aluno comete suicídio a cada hora no país.

Isto nos faz perguntar: por que a escola se torna fonte de horror em vez de uma fonte de sabedoria e esclarecimento? Por que as crianças geralmente odeiam a escola em vez de dar boas-vindas a cada dia de aula com alegre antecipação? Não deveríamos rever todo o conceito de educação, e por que mandamos nossos filhos para a escola? Qual é o papel da escola na vida de cada indivíduo? Qual é sua função na sociedade humana?

Erich Fromm, no seu livro *The Sane Society* (*A Sociedade Sã*), publicado em 1955, afirma que:

> A função de imprimir nas pessoas os ideais de orientação e normas de nossa civilização é, antes de tudo, da educação. Mas quão terrivelmente inadequado é o nosso sistema educacional para esta tarefa. Seu objetivo é principalmente dar ao indivíduo o conhecimento que ele precisa para atuar numa civilização industrializada.
>
> ... O próprio homem tornou-se parte da máquina, e não o seu senhor. Ele experimentou a si próprio como uma mercadoria, como investimento; seu objetivo passou a ser um sucesso, isto é, vender-se de modo tão lucrativo quanto possível no mercado. Seu valor como pessoa jaz em quão vendável ele é, não em suas qualidades humanas de amor, razão, ou em suas capacidades artísticas. Felicidade torna-se idêntico ao consumo de mercadorias cada vez mais novas e melhores, o consumo de música, *videogames*, diversão, sexo, bebidas alcoólicas e cigarros. Não tendo um senso de identidade senão aquele que a conformidade com

a maioria consegue dar, ele é inseguro, ansioso e dependente de aprovação.

Fromm deplora que tanto as escolas de ensino médio quanto as faculdades geralmente fracassam em imbuir seus alunos "com traços de caráter que correspondem aos professados ideais de nossa civilização". (*Ibid*)

A escola adquiriu uma aura de compulsão e santidade que se aproxima à das igrejas e dos templos. O comparecimento tornou-se obrigatório em praticamente todos os países do mundo. Seus currículos impostos não são questionados. Quando os alunos ficam depressivos ou se suicidam, eles é que são considerados o problema, e não o sistema escolar.

EDUCAÇÃO E VIDA HUMANA

Para nos ajudar a ver o papel da educação e das escolas na vida humana e na sociedade, precisamos fazer uma pergunta fundamental, que agora lhe apresento, querido leitor:

Se você tivesse o poder de transformar seus filhos em algo que você gostaria que eles fossem, quais seriam as cinco principais qualidades que você gostaria de ver neles por volta dos 40 anos de idade?

Em palestras e seminários para educadores e pais, geralmente faço esta pergunta. As respostas que obtenho são variadas: tivessem uma renda estável, fossem inteligentes, responsáveis, competentes, felizes, de bom caráter, amorosos, bem-sucedidos, tivessem uma vida familiar feliz, fossem honestos, etc.

Ao listar as cinco principais qualidades, características ou capacidades que você gostaria que seus filhos tivessem, na verdade você está desenhando as mais importantes metas da educação e da paternidade a partir do seu ponto de vista.

Quando nos sentarmos e ponderarmos sobre esta questão crucial, descobriremos que realmente há umas poucas coisas que, em última instância, quase todos nós gostaríamos que nossos filhos tivessem atingido ou alcançado para tornar suas vidas significativas, realizadas e bem-sucedidas no verdadeiro sentido.

Vejamos um exemplo. Seria a felicidade uma das cinco principais qualidades que você gostaria que seus filhos tivessem quando se tornassem adultos? Quase todo mundo a quem pergunto responde "sim" a esta pergunta.

Perguntemos ainda: está o nosso sistema educacional preparado para ensinar nossos filhos a serem pessoas felizes?

Infelizmente, não. Aliás, o oposto parece ser verdadeiro: muitas, senão a maioria, das escolas são instituições que instilam medo e estresse nas crianças — dois dos ladrões mais comuns da felicidade humana. As estatísticas chocantes sobre suicídios estudantis no Japão e na Coreia são apenas as pontas dos *icebergs* e revelam o quanto as notas e as provas finais tornaram-se mais importantes para os educadores tradicionais do que ajudar nossos filhos a crescerem e tornarem-se pessoas mais felizes.

Por que não ensinamos aos jovens a serem mais felizes?

Muitos educadores podem achar a pergunta surpreendente. Provavelmente, eles presumem que não é sua tarefa ou missão ensinar a felicidade. Essa é uma visão que é uma herança das antigas escolas, onde os professores deveriam ensinar apenas a ler, escrever, e a aritmética. Pouco importa se os professores aterrorizam e até recorrem ao método de castigar fisicamente as crianças, contanto que elas aprendam o que devem aprender.

Além disso, a maioria dos professores não está preparada para ensinar as crianças a serem mais alegres ou felizes. Eles próprios costumam estar estressados e rabugentos. Não aprenderam sistematicamente a respeito da arte e da ciência de serem indivíduos internamente pacíficos e felizes. Diferentemente da ciência ou da matemática, eles tendem a pensar no tema felicidade como algo subjetivo e confuso e, consequentemente, não pode ser ensinado como um método formal.

No entanto, existe muita coisa que a ciência da psicologia descobriu a respeito de como ser uma pessoa mais feliz. Na verdade, foi descoberto um campo inteiramente novo da psicologia voltado a isso, chamado psicologia positiva. Mas nós mesmos não despendemos um semestre sequer sobre este tema capaz de mudar vidas.

Contrastemos isso com o número enorme de anos dedicados ao aprendizado da matemática do jardim da infância à faculdade. Quantos de nós já usamos a equação quadrática[1] em nossas vidas? O que dizer de seno e do cosseno? Ou extrair a raiz quadrada de um número? Ou fatoração de polinômios?

Não poderíamos cortar um ano de matemática superior e dedicar esse tempo a um professor que ensinará nossos filhos como se tornarem pessoas mais serenas, integradas e maduras?

Herdamos nosso currículo de antigos educadores essencialistas que pensavam que era necessário aprender certos temas mínimos na escola, muito embora alguns deles não sejam usados por 99.9 por cento de nós pelo resto de nossas vidas.

1 A equação quadrática recebe esse nome porque o x, a incógnita principal, é elevado ao quadrado. (Nota Ed.Bras.)

Existe a necessidade de revisar não somente o currículo da educação padrão, mas também toda a cultura de nossas escolas. Não é apenas a respeito das matérias oferecidas, mas a atmosfera escolar ou o ambiente de aprendizado, particularmente o relacionamento entre os professores e os alunos. Uma escola que sistematicamente injeta medo nas mentes jovens, por exemplo, está infligindo-lhes dano, porque o medo é a principal fonte de infelicidade. Ele gera baixa autoestima e baixa autoconfiança. É também uma das raízes da insegurança. Quando as escolas fomentam tendências negativas ou o medo de pessoas de outras raças ou religiões, começamos a não gostar delas e a odiá-las. Esta é a fonte de guerras e conflitos inter-raciais e inter-religiosos.

O CONTROLE DA AGENDA EDUCACIONAL

Historicamente a função das escolas tem sido a de servir os propósitos das instituições sociais dominantes. Desde tempos antigos, as escolas têm sido os instrumentos das religiões ao inculcar suas doutrinas e valores entre os jovens. Posteriormente, com a separação de Igreja e Estado, as escolas passaram para o controle dos governos, e suas funções e metas seguiam a agenda do estado.

Na Índia, a educação em tempos antigos preocupava-se com questões religiosas, ritualísticas e filosóficas. (Sgharfe, 2002, p. 47). Nas Filipinas, durante o período colonial espanhol, as escolas eram dirigidas por ordens Católico-Romanas. Na Europa, após o Protestantismo ter surgido no século XVI, a escolarização era obrigatória para que as crianças pudessem ler a Bíblia. Na América, no século XVII, as escolas eram consideradas necessárias para instilar valores puritanos nas crianças. Castigos, restrições e proibições eram parte integrante e proeminente da metodologia das escolas. Mesmo brincar — uma parte natural e essencial no desenvolvimento infantil — foi banido. John Wesley, o fundador do Metodismo, tinha regras para suas escolas que incluíam o seguinte: "como não temos dias para jogos, então também não permitimos nenhum momento para jogar em qualquer dia; pois aquele que brinca quando criança brincará quando homem". (Gray, 2008).

Nos dias de hoje, os governos assumiram o controle de instituições educacionais, incluindo a concessão de autorizações ou licenças para escolas particulares. Os currículos escolares, antes concebidos para seguir a agenda religiosa, agora são concebidos para cumprir metas nacionais, sejam elas do desenvolvimento econômico ou do nacionalismo.

Aqui estão alguns exemplos de objetivos educacionais de vários países:

Estados Unidos: "Nossa missão é promover a realização estudantil e a preparação para a competitividade global fomentando a excelência educacional e assegurando a igualdade de acesso". (www2.ed.gov).

Reino Unido: "Nossas prioridades: desenvolvermos uma educação em nível mundial com os seguintes princípios:

- assegurar que nossos padrões acadêmicos correspondam e acompanhem o ritmo das principais nações com as quais possamos nos comparar;
- esforçar-nos para alinhar nossos padrões técnicos com os principais sistemas internacionais
- assegurar que a educação construa caráter, resiliência e bem-estar". (www.gov.uk).

Filipinas: "Por volta de 2030 aumentar substancialmente o número de jovens e adultos com aptidões relevantes, incluindo habilidades técnicas e vocacionais, para obter emprego, trabalhos decentes e empreendedorismo... Assegurar que todos os alunos adquiram o conhecimento e as habilidades necessárias para promover o desenvolvimento sustentável, incluindo, entre outros, através da educação para o desenvolvimento e estilo de vida sustentáveis, direitos humanos, e igualdade de gênero, promoção de uma cultura de paz e não violência, cidadania global e apreciação da diversidade cultural e da contribuição da cultura para o desenvolvimento sustentável".

Os exemplos acima mostram que as escolas continuam a ser usadas como instrumentos de instituições sociais, que, neste caso, é o governo. O que deve ser aprendido depende dos objetivos políticos e econômicos do governo prevalecente. Se o objetivo fundamental for desenvolvimento econômico, então o currículo será padronizado em conformidade.

Vemos aqui por que há um conflito entre as metas educacionais dos pais para seus filhos e os objetivos educacionais do estado. Os pais podem querer que seus filhos sejam felizes, mas não é esta a prioridade do governo. Felizmente há exceções entre os países. Alguns governos tentaram alinhar as metas nacionais de educação às metas humanas essenciais. Um exemplo é o Butão.

O Butão estabeleceu sua meta nacional como Felicidade Nacional Bruta ou FNB ao invés de progresso econômico. Isto surgiu como resultado da visão de seu rei, Jigme Singye Wangchuck, que em 1972 disse que "a Felicidade Nacional Bruta é mais importante do que o produto nacional bruto". Isso foi posteriormente consagrado na Constituição do país:

> O estado se esforçará para promover as condições que permitirão a busca da Felicidade Nacional Bruta. (Art. 9.2)

O país estabeleceu uma Comissão FNB que faz o planejamento central seguir a esta agenda. Sua política educacional está alinhada com esta meta, e foi incluída na constituição:

> O estado se esforçará para prover educação com o propósito de melhorar e aumentar o conhecimento, os valores e as habilidades de toda a população com a educação sendo direcionada ao pleno desenvolvimento da personalidade humana. (Art. 9.15).

Outro país que explicitamente prioriza o pleno desenvolvimento humano como meta educacional é a Nova Zelândia. Seu Mistério da Educação elaborou dez metas, sendo a primeira atingir "os mais elevados padrões de realização, através de programas que permitam a todos os alunos realizar seu pleno potencial como indivíduos". (*education.govt.nz*)

EDUCAÇÃO CENTRADA NO SER HUMANO

No século XX surgiu um movimento educacional que via a educação como um meio para a realização do pleno potencial dos seres humanos. Subordinava propósitos políticos, econômicos ou religiosos. Essas assim chamadas escolas progressivas abraçaram as filosofias educacionais que não tinham raízes em agendas religiosas ou governamentais, que se baseavam na compreensão dos fundadores sobre a natureza humana, como também o propósito e significado da vida humana. Exemplo são as filosofias e abordagens educacionais de Montessori, Teosofia, Waldorf, Summerhill e Krishnamurti.

Essa abordagem centrada no ser humano, no entanto, não era algo novo. Foi reconhecida e valorizada durante milhares de anos, seja no Oriente ou no Ocidente. Na Índia, desde tempos antigos, o conceito de um relacionamento guru-*chela* (instrutor-discípulo) em *ashrams* espirituais tinha por objetivo o mais elevado desenvolvimento dos potenciais humanos resultando em *moksha*, ou libertação dos sofrimentos e do ciclo de nascimento e renascimento. Isto é verdade também com relação à educação budista, que é baseada no ensinamento do Buda a respeito da onipresença do sofrimento e dos meios para se colocar fim a tal sofrimento.

Na tradição ocidental esta ideia remonta ao tempo de Platão e Aristóteles, onde a meta da educação era a felicidade e a virtude (embora a visão anteriormente esboçada por Platão em *A República* fosse de uma educação controlada pelo estado).

Por volta do século XX a educação humanista não era mais apenas um ideal. Permeava as filosofias de muitas escolas alternativas. Embora o número de alunos matriculados em tais escolas permaneça minúsculo quando comparado ao das escolas padrão, filosofias educacionais não estão distantes de serem consideradas dominantes.

É hora de muitos governos nacionais revisarem as metas educacionais. Os responsáveis pelas escolas particulares, tradicionalmente orientadas, devem da mesma forma se perguntar qual é, verdadeiramente, o propósito de educar as crianças.

2 Entendendo a natureza humana

Sem uma compreensão da natureza humana, não é possível formular uma filosofia educacional integrada que seja centrada no ser humano e não ditada por governos ou religiões. Educamos com um propósito, e esse depende do que entendemos ser o real propósito e significado da vida humana, que por sua vez são colhidos a partir de nossa compreensão da natureza humana.

Perguntamos: não serão propósitos e significados subjetivos? O que pode ser verdadeiro para um pode não ser verdadeiro para outro. Haverá uma direção para o crescimento que seja verdadeiro para todos os seres humanos, independentemente de preferências, gostos e aversões pessoais? Se existe tal direção, então teremos os indícios para o verdadeiro propósito de educar as crianças.

Erich Fromm, em sua obra clássica *The Art of Being (A Arte de Ser)*, faz a mesma pergunta:

> Não podemos falar de uma "natureza humana", e se assim for, será que uma natureza objetivamente definível do homem não leva à suposição de que seu objetivo seja o mesmo que o de todos os seres vivos, isto é, seu mais perfeito funcionamento e a mais plena realização de suas potencialidades?

Escreveu ele, uma roseira é um organismo que precisa da luz do sol, água, um tipo de solo e da temperatura certa. Um bom jardinheiro precisa conhecer a natureza da roseira e suas necessidades de modo que consiga adequar as preparações para produzir as melhores rosas possíveis. O mesmo se dá com os seres humanos.

Desde tempos antigos, pensadores têm tentado ver se existe um propósito objetivo e natural de vida, comum a todos os seres humanos. Muitos filósofos ocidentais pensam que é a busca pela felicidade, embora não o tipo hedonista ou buscador de prazer. Sócrates, embora reconhecendo que a felicidade seja o que as pessoas universalmente desejam, pensou que ela deve ser acompanhada da sabedoria. Assim, a sabedoria deve ser ensinada aos jovens. (*Platão*, 1997, p. 719). Aristóteles também escreveu que o mais elevado bem da vida humana é a felicidade (*eudaemonia*). É um objetivo que não é um meio para algo mais; é um fim em si mesmo. (*Aristóteles*, 2000, p. 11). Para alcançá-lo, precisamos viver uma vida virtuosa. Tal era também a visão de John Locke. Immanuel Kant enfatizou a importância da ética ou virtude para sermos merecedores de felicidade. Para ele, a lei moral situa-se acima da meta da felicidade.

Ver-se-á que apesar do caráter melancólico de muitas religiões, tais como as abraâmicas, seu mais elevado propósito ainda é a felicidade sob a forma de céu, paraíso, bem-aventurança ou visão beatífica. A única diferença é que a maioria delas promete a felicidade, não nesta vida, mas após a morte.

No Oriente a meta da vida é a libertação ou *moksha*. É libertar-se dos ciclos de necessidade, ou seja, do renascimento. A existência em si é a causa do sofrimento. Esse processo também acarreta alcançar a bem-aventurança ou ā*nanda*. Nos *Yoga-Sūtras*[2] a meta final da libertação ou *kaivalya* é alcançada

---

2 TAIMNI, I.K. *A Ciência do Yoga*, Brasília: Editora Teosófica, 2019. (Nota Ed.Bras.)

através da prática do *yoga*, caracterizada por *insight*, vida ética e transcendência. Isto é igualmente afirmado pelo Senhor Buda, cujos ensinamentos têm raízes na ideia de que, no final das contas, toda a vida é dolorosa. O objetivo da vida é libertar-se do sofrimento. (Walpola, 1974, 16ff.)

Porém, pode-se argumentar que são especulações. Sendo assim, exploremos o assunto a partir de um ponto de vista mais científico, especificamente, psicológico.

A psicologia é uma ciência jovem. Era parte de uma filosofia. Como disciplina científica separada só começou a partir do final do século XIX. Em sua história relativamente curta, no entanto, a psicologia trouxe uma compreensão mais útil sobre a natureza do ser humano do que a filosofia conseguiu oferecer. A psicologia descobriu evidências científicas de que os seres humanos têm motivações e necessidades inatas ou instintivas. Quando estas coisas não são consumadas, o indivíduo frequentemente se torna disfuncional, infeliz, neurótico ou mesmo psicótico. Estes *insights* começaram a oferecer respostas robustas à antiquíssima questão do que seja uma boa vida ou uma vida ideal. Tal compreensão, por sua vez, lança bastante luz sobre a questão de como melhor educar os filhos neste mundo e como educá-los na escola.

Sigmund Freud foi o gênio pioneiro que desenterrou o papel do subconsciente na vida humana. As necessidades naturais e as motivações do *id* e da *libido*, ele escreveu, tinham de ser satisfeitas, mas ao mesmo tempo, conflitavam com as regras e os costumes da sociedade, representados pelo *superego*. Este conflito tinha de ser arbitrado pelo *ego*, o eu consciente que deve gerenciar as necessidades internas em suas relações com a realidade externa. Nasceu, assim, o movimento psicanalítico, que oferecia um modo de lidar com a fragmentação da consciência humana, que, quando gravemente discordante, leva à neurose e à psicose. Foi uma das primeiras tentativas para mapear a natureza dos seres humanos e o caminho para alcançar um equilíbrio harmonioso e feliz na vida.

Na década de 1950, surgiu um novo movimento em psicologia que teve como pioneiros pessoas como Carl Rogers, Erich Fromm, Kurt Goldstein e Abraham Maslow. Eles estavam mais interessados nos potenciais superiores dos seres humanos. Sua preocupação não era mais apenas a respeito da doença da mente, mas a natureza da mente sã. Rogers chamou esse indivíduo, psicologicamente saudável, de uma pessoa "em pleno funcionamento".

Goldstein escreveu que precisamos visualizar o ser humano como um organismo completo. Ao contrário das visões de Freud, ele considerava que os seres humanos tinham apenas uma motivação: a autorrealização.

O organismo tem potencialidades definidas, e porque as tem, precisa realizá-las ou atualizá-las. A satisfação destas necessidades representa sua autorrealização. (Goldstein, 1963, p. 168)

Maslow foi grandemente influenciado pela visão de Goldstein. Ele também observou que os seres humanos parecem ter necessidades intrínsecas — necessidades que buscam realizar e satisfazer ao longo da vida. A motivação para responder a essas necessidades determina as inerentes metas dos seres humanos. Os seres humanos são intrinsecamente motivados a trabalhar para a realização dessas metas.

Em seu livro, *Motivation and Personality*, Maslow refletiu:

> A vida humana jamais será entendida a não ser que suas mais elevadas aspirações sejam levadas em conta. Crescimento, autorrealização, o esforço para manter a saúde, a busca por identidade e autonomia, o anelo por excelência (e outras maneira de expressar o esforço "para cima") devem agora ser aceitos além de qualquer questão como uma tendência humana generalizada e talvez universal. (Maslow, 1954, pp. xii-xiii)
>
> Quanto mais aprendermos a respeito das tendências naturais do homem, mais fácil será dizer-lhe como ser bom, como ser feliz, como ser prolífico, como respeitar a si mesmo, como amar, como realizar suas mais elevadas potencialidades.... A coisa a fazer parece ser descobrir como verdadeiramente se é no interior; profundamente, como membro da espécie humana e como um indivíduo particular. (Maslow, 1987, p.6)

Ele identificou cinco necessidades dos seres humanos. Primeiro são as necessidades fisiológicas básicas, tais como alimento, sono ou excreção. Segundo, a necessidade de proteção ou segurança, tal como segurança física ou econômica. Terceiro, a necessidade de pertencer, ter uma ligação significativa com seus semelhantes. Quarto, a autoestima, a necessidade de respeito, aceitação e autodignidade. A estas quatro primeiras ele chamou de "necessidades deficitárias" ou "necessidades-D", porque quando não são preenchidas a pessoa desenvolve problemas de personalidade, tal como a neurose. Isso é análogo à situação onde o corpo humano é seriamente deficiente de certas vitaminas ou nutrientes essenciais, e como resultado, adoece.

A quinta necessidade, a autorrealização, é uma "necessidade de ser" ou um "crescimento". Sua ausência não produz neurose. É mais um impulso para realizar os mais elevados potenciais do indivíduo. Este é buscado após as necessidades deficitárias serem essencialmente satisfeitas.

Indivíduos autorrealizados, portanto, são pessoas que estão alcançando ou alcançaram o ápice do crescimento ou desenvolvimento humano. Eles têm uma percepção mais precisa da realidade. Sentem-se realizados e encontram significado na vida. Têm um senso de missão e não são egocêntricos.

> Aquilo que um homem pode ser, ele deve ser. Podemos chamar esta necessidade de autorrealização... Refere-se ao desejo de autorrealização, ou seja, a tendência de se tornar realizado no que ele potencialmente é. Esta tendência pode ser formulada como o desejo de tornar-se cada vez mais o que se é, vir a ser tudo o que se é capaz de tornar-se. (Maslow, 1954, p. 93)

Maslow então une todas essas coisas ao propósito da educação:

> ... A função da educação, a meta da educação — a meta humana, a meta humanística, a meta no que diz respeito aos seres humanos — é, no final das contas, a "autorrealização" de uma pessoa, o tornar-se plenamente humano, o desenvolvimento do que há de mais elevado que a espécie humana consiga alcançar ou ao que o indivíduo particular possa chegar. (Maslow, 1993, p. 162)

Nos últimos anos de sua vida, Maslow acrescentou mais um nível à sua hierarquia de necessidades. Ele chamou de autotranscendência, um estado acompanhado por "experiências de pico", tais como união mística, consciência cósmica, consciência unitiva ou transcendência do ego.

MISTICISMO

A esta altura, precisamos tocar no misticismo ou na experiência direta da realidade transcendente. Durante milhares de anos, místicos de todas as culturas falaram de tais estados de realização que parecem pertencer aos reinos mais sublimes da experiência humana. Seja no Oriente ou no Ocidente, desde tempos antigos até o presente, a vida mística é uma vida que não pode ser ignorada em nenhuma exploração do ápice da existência humana. É um estado de realização reconhecido tanto pela psicologia quanto pela religião.

Evelyn Underhill, em sua obra clássica, *Mysticism* (*Misticismo*), considerou o misticismo como sendo "a verdadeira linha de desenvolvimento da mais elevada forma de consciência humana". (Underhill, 1910, xxii)

William James, o pai da psicologia americana, cita Walt Whitman na descrição que este faz da importância da realização mística:

> Existe, além do mero intelecto, na composição de cada identidade humana superior, algo maravilhoso que se realiza sem argumento, frequentemente sem o que é chamado de educação (embora eu o considere a meta e o ápice de toda educação digna desse nome), uma intuição do equilíbrio absoluto, no tempo e no espaço, da totalidade desta grande diversidade, esta festa de tolos, e incrível perturbação de faz de conta e instabilidade generalizada, a que chamamos mundo; a visão que a alma tem desse indício divino e desse fio invisível que mantém todo o agregado de coisas, toda a história e tempo, e todos os eventos, por mais triviais, por mais momentâneos, como um cão na coleira na mão do caçador. Dessa visão da alma e do centro raiz para a mente, o

mero otimismo explica apenas a superfície. (James, 1917, citado de *Specimen Days and Collect*, Filadélfia, 1882, p. 1)

Todas as principais tradições religiosas e espirituais do mundo admitem a existência de pessoas perfeitas — aquelas que atingiram o mais elevado nível de maturidade, sabedoria e espiritualidade. No Budismo são chamados *Arhats*, *Bodhisattvas* ou Budas. No Hinduísmo são chamados *Rishis*, ou *Jivanmuktas* (almas libertas) ou *Mahatmas* (grandes almas). No Cristianismo são o que São Paulo chamou de "homens justos tornados perfeitos" (Hebr. 12:23) ou indivíduos em quem o Cristo nasceu (Gal 4:19). Santa Tereza D'Avila, a grande mística do século XVI, que reformou a ordem Carmelita, escreveu um livro intitulado *O Caminho da Perfeição*[3], esboçando o caminho para uma vida sublime.

O misticismo transcende as dualidades de felicidade e sofrimento, bem e mal, Deus e seres humanos. É a libertação do aprisionamento da vida mundana. Essa transcendência, porém, não é uma fuga, mas um estado de se estar desperto para o que é real.

Na última metade do século XX, o campo da psicologia transpessoal nasceu para estudar essas experiências que transcendem, mas que também incluem as percepções físicas, emocionais ou mentais. Foi chamada de o "sentimento oceânico" por Sigmund Freud, "autotranscendência" ou "*experiências de pico*" por Abraham Maslow. A nova disciplina pode ser considerada científica, porque existem métodos objetivos através dos quais alegações subjetivas de experiência transcendental podem ser validadas. Muitas faculdades e universidades incluíram o tema em seus currículos de psicologia.

---

3 D'ÁVILA, St. Teresa de *O Caminho da Perfeição*, Editora Paulus. (Nota Ed. Bras.)

3 Níveis de consciência humana

Uma abordagem consagrada pelo tempo para a compreensão de nossa natureza é o estudo dos níveis humanos de consciência. Ele nos permite ver as necessidades e as direções do crescimento através de cada um dos níveis onde funcionamos ou podemos potencialmente funcionar. Este aspecto complementa outras descobertas dos psicólogos, tais como a hierarquia de necessidades postulada por Maslow e os *insights* quanto às partes da consciência humana, apresentadas por Freud ou Jung.

Esses níveis são conhecidos há milênios. Aristóteles chamou-os de diferentes almas separadas do corpo físico, ou seja, a alma vegetativa, animal e a alma racional. Tomás de Aquino adotou uma classificação semelhante. Na Índia eles são os diferentes *koshas* ou veículos: o corpo físico, o corpo energético, o corpo do desejo, o corpo mental, o corpo mental superior, o corpo de bem-aventurança e o verdadeiro Eu.

Antes de enumerar os níveis de consciência conhecidos, consideremos a utilidade de tal classificação, começando com os níveis com os quais estamos mais familiarizados.

Corpo. Temos um corpo, com suas necessidades e funções inter-relacionadas. É o nosso veículo para experimentar o mundo físico — ver, ouvir, sentir, saborear, cheirar e nos deslocarmos por aí. Sem o corpo não conheceríamos de forma alguma este mundo material. Esta é a sua função. Devemos sustentá-lo, para mantê-lo nutrido e saudável. Estas são as suas necessidades, que quando não são satisfeitas, ele então adoece e não pode realizar suas funções de modo adequado. Quando o corpo sofre um derrame cerebral, por exemplo, pode ficar paralisado e não mais conseguir locomover-se. As coisas ou as atividades mais importantes na vida cessam — carreira, ambições, projetos, viagens, profissão, negócios, etc. Quando o corpo está acamado e não mais conscientemente alerta, a vida virtualmente para, mesmo que o corpo ainda esteja vivo. Consequentemente, para continuarmos buscando as funções e metas superiores da vida humana, devemos suprir as necessidades do corpo físico. A esta altura, podemos ver por que esta compreensão é essencial na educação. As metas mais elevadas na vida humana talvez possam não mais ser alcançadas quando as necessidades básicas não são satisfeitas.

Emoções. O que dizer de nossas emoções? Sua função é reagir ao que é percebido e nos motivar ou nos impelir à ação. A palavra emoção vem do latim *movere*, "mover". Essas reações podem ser de medo, ira, alegria, gratidão, apreciação, etc. Elas estão ligadas ao nosso corpo e aos nossos pensamentos. Quando não tratamos bem as energias despertas da emoção, adoecemos psicologicamente. Para a nossa saúde emocional, precisamos de segurança, amor, coletividade e um sentimento de valorização. Isto significa que devemos estar livres de medos não controlados, ansiedades, depressão ou angústia crônica. A função da educação é ensinar aos jovens como se cuidarem para que as emoções não lhes impeçam de ser eficazes na gestão dos assuntos de suas vidas.

Mente. A função da mente é permitir-nos reconhecer objetos, pessoas e ideias, e interagir com o mundo de maneira eficaz. Quando tais percepções são distorcidas ou incorretas, então nossas respostas ao ambiente serão inexatas ou ineficazes. As emoções frequentemente podem obnubilar a nossa compreensão do que percebemos e nos levar a julgamentos errôneos e ações insensatas. Os pensamentos, quando não controlados, podem também causar perturbações psicológicas, levando a coisas tais como a inabilidade para focar ou dormir.

Ao observarmos a mente, notamos que ela tem duas partes: uma pessoal e uma impessoal. O aspecto pessoal está ligado às emoções, e age de maneira tendenciosa em relação ao interesse dos sentimentos. Ela é egoísta. A parte impessoal, por outro lado, consegue ver as coisas de modo racional e objetivo. Essa diferença de percepção pela mente pode levar a diferentes decisões.

Por exemplo, o filho de Harry não vence uma competição porque os outros alunos são mais capazes do que ele. Essa é a realidade, e a mente impessoal de Harry consegue aceitar essa realidade prontamente, mesmo que ele esperasse que seu filho ganhasse. A mente pessoal (ou inferior) de Harry, por outro lado, sendo condicionada pelo desejo, tende a ser parcial em favor do filho e reage com desapontamento, frustração ou irritação. A mente impessoal percebe a realidade mais precisamente.

Haverá outros níveis além desses com os quais estamos familiarizados? A ciência e as experiências cumulativas da humanidade dizem-nos que há.

Corpo Etérico: Este é um corpo sutil, idêntico à forma do corpo físico, a ele unido, e, normalmente, é invisível ao olho humano (embora algumas pessoas consigam vê-lo). Ele pode separar-se do corpo físico. Pesquisa extensiva sobre experiências de quase morte demonstraram amplamente que existe tal corpo etérico que se separa do corpo físico entre aquelas pessoas que morreram clinicamente, mas que foram revividas após alguns minutos ou horas. O estudo médico deste fenômeno foi impulsionado pela publicação do livro *A Vida depois da Morte*[4] (*Life After Life*)[5], do Dr. Raymond Moody, em 1975. Ele relatava muitos casos de experiência de quase morte onde os indivíduos conseguiam observar cenas físicas (tais como o seu corpo físico deitado na cama de um hospital) enquanto estavam clinicamente mortos.

O corpo etérico é também o veículo de energia, dentro de nós, chamado entre os Hindus de *ch'i* (*pinyin*: *qi*) entre os chineses. O controle e a manipulação dessa energia são a base da acupuntura. Da mesma maneira que o sangue flui através dos vasos sanguíneos, e os impulsos elétricos passam através do sistema nervoso, também a energia *ch'i* flui através dos meridianos (ou *nadis* em Ayurveda) que são semifísicos e invisíveis. Este corpo etérico é chamado de *prāna-mayakosha* (ou o veículo de *prāna*) ou *linga-sharīra* (corpo sutil) na Índia. Pesquisadores científicos chamam-no de "corpo bioplasmático".

A Consciência Espiritual. Este é o nível de consciência universalmente descrito pelos místicos de muitas religiões e culturas com diferentes nomes tais como *buddhi*, *ānanda-mayakosha*, consciência contemplativa, consciência intuicional e consciência mística.

4 MOODY, Dr. Raymond *A Vida após a Morte*, Editora Butterfly, São Paulo/SP. (Nota Ed. Bras)

5 Para maiores esclarecimentos sobre esse tema, sugerimos a leitura do livro *Dentro da Luz*, Cherie Sutherland, Brasília: Ed. Teosófica, 1998. (Nota Ed. Bras.)

Consciência Universal. Este é o nível de consciência que é atingido quando o eu é transcendido. É chamado de consciência cósmica (Dr. Richard Bucke), *samādhi* (*Yoga-Sūtras*), *nirvana* (Budismo) e *fanah* (Sufismo Islâmico). Maslow refere-se a ela como autotranscendência, que é superior a autorrealização. Ele a inclui entre o que ele chama de "*experiências de pico*".

Abaixo segue uma lista dos níveis de consciência humana recolhidos de nossas próprias experiências subjetivas, estudos em psicologia e relatórios acumulados de experiências transcendentais. As necessidades dos quatro níveis inferiores correspondem às necessidades deficitárias na hierarquia de Maslow, enquanto as motivações dos três níveis superiores são equivalentes às necessidades de crescimento ou necessidades de ser.

Nível de Consciência	Observações
Consciência Universal	Também chamada Estado de União (Cristianismo), *Fanah* (Sufismo), *Nirvana* (Budismo), Consciência Cósmica
Consciência Espiritual	*Buddhi*, Intuição, Consciência Contemplativa, *Ānanda*
Mental Superior	Capacidade para Pensamento Abstrato
Mental Inferior	Pensamento Concreto
Emoções	Desejo, Gosto e Aversão
Duplo Etérico	Veículo de *prāna* ou *qi*; pode separar-se do corpo físico, mas é essencialmente parte do corpo físico.
Corpo Físico	

A compreensão destes níveis de nosso ser, complementados pelos *insights* da psicologia moderna, nos ajudarão a ter uma avaliação mais objetiva de quem verdadeiramente somos, e de quais são nossas necessidades inerentes, motivações e meta como seres humanos. Falar a respeito das metas da educação sem tentar entender a nossa natureza intrínseca apenas levará à formulação de objetivos e políticas que eventualmente podem ter efeito contrário. Isto acontece quando as escolas se esforçam em nos encaixar nos moldes sociais que foram criados pelas tradições, instituições, religiões ou governos, mas que favorecem a infelicidade e até mesmo suicídios. Muitos indivíduos perceptivos estão se rebelando contra isso. Assim, há sabedoria nas palavras de Grant Allen: "que infortúnio que sejamos assim compelidos a deixar que a educação escolar de nossos filhos interfira com a sua educação familiar!"

4 O crescimento ao longo de vidas

Outra hipótese científica que não mais pode ser ignorada quando se tenta entender a natureza humana e seu processo de crescimento intrínseco é que esta vida não é a única que temos, sendo apenas um episódio numa série de vidas que têm uma função de crescimento cumulativa. Esta visão tornou-se uma séria teoria científica no despertar de um grande corpo de evidência reunido por pesquisadores de vários países, tais como Ian Stevenson, Erlendur Haraldsson, Satwant Pasricha, Antonia Mills, Jim Tucker e outros por mais de meio século.

Baseados em mais de 2500 casos de crianças e adultos que conseguiam lembrar suas vidas prévias e muitas de cujas reivindicações foram verificadas por investigações independentes, a hipótese da reencarnação ganhou aceitação mais ampla na comunidade científica. O Dr. Ian Stevenson, ex-presidente do Departamento de Psiquiatria da Universidade de Virginia, foi pioneiro nestes esforços nos anos 19(50), quando publicou um artigo que ganhou o Prêmio William James da Sociedade Americana para Pesquisa Psiquiátrica, intitulado "Evidência de Sobrevivência a Partir de Afirmações de Memórias de Antigas Encarnações". A *Parapsychology Foundation* e o inventor do processo xerox, Chester Carlson, concederam subsídios que permitiram a Stevenson viajar a diferentes países para investigar casos relatados e seguir esta linha de pesquisa.

Stevenson descobriu que as crianças que lembram suas vidas passadas são encontradas mesmo em culturas que podem geralmente não acreditar na reencarnação, tais como Estados Unidos e Europa. Ele publicou cerca de dez livros contando detalhes de casos onde as memórias de crianças foram verificadas independentemente. Muitos outros pesquisadores seguiram seu rastro e publicaram inúmeros outros casos de reencarnação.

Um exemplo famoso recente é o de James Leininger, nascido em 1998, em Dallas, Texas, que com a idade de dois anos fazia descrições notáveis de como seu avião Corsair foi abatido pelos japoneses após ser lançado de um navio chamado Natoma. Quando sua mãe, Andrea, mostrou-lhe um avião de brinquedo, dizendo-lhe que ele carregava bombas, James corrigiu-a e disse, "esse não é um bombardeiro, mamãe. É um *drop tank*. Andrea não tinha ideia do que era um *drop tank*. (*Drop tank* é um tanque de combustível externo no avião que pode ser descartado). Andrea estava aberta à ideia de vidas passadas, mas seu marido, Bruce, opunha-se veementemente à ideia por causa de suas crenças cristãs. Ele disse, "nunca, nunca, nunca. Na minha casa não. Não haverá algo chamado vida passada. Nunca!"

E eventualmente, porém, por causa dos inúmeros detalhes totalmente inexplicáveis que a criança continuava a oferecer, os pais começaram a inquirir a respeito dos pilotos dos aviões do porta-aviões Natoma Bay. Subsequentemente eles encontraram verificação, independente das memórias de James. O nome do piloto que parecia ser James Leininger, em uma vida passada foi James Huston, cujo avião foi de fato abatido em Iwo Jima, em 1945. James Leininger conseguiu encontrar seus antigos colegas que ainda estavam vivos. Um resumo mais extenso desse caso pode ser encontrado no *site*: *reincanation-research.com*. Posteriormente seus pais publicaram um livro intitulado *A Volta — A Incrível e Real História da Reencarnação de James Houston Jr.*[6] (*Soul Survivor: The Reincanation of a World War II Fighter Pilot)* (Leininger, 2010) que narrava como elucidaram o mistério das memórias de seu filho.

Além da verificação das alegadas memórias, Stevenson descobriu que crianças que lembravam de suas vidas passadas frequentemente tinham marcas de nascença que correspondiam ao modo como morreram na encarnação anterior (Stevenson, 1997). Ele escreveu uma monografia médica em dois volumes que chegou a 2.268 páginas, intitulada *Reincarnation and Biology: A Contribution to the Etiology of Birthmarks and Birth Defects* (*Reencarnação e Biologia: uma contribuição para a etiologia das marcas e defeitos de nascença).* A obra continha relatórios detalhados de 225 casos de todo o mundo, com fotografias, relatórios *post-mortem*, etc. O exemplo é um menino turco que lembrava uma vida onde foi morto por um tiro de revólver do lado direito da cabeça a queima-roupa. Stevenson conseguiu obter registros hospitalares deste incidente da vida passada. Na vida atual, o menino nasceu com a orelha esquerda menor e malformada (microtia unilateral). Ele também tinha atrofia do lado direito do rosto (microsomia hemifacial) (Stevenson, 1993).

Havia também vários casos de pessoas que conseguiam falar num idioma desconhecido e que lembravam suas vidas prévias numa cultura que falava aquela língua. Stevenson dedicou todo um livro intitulado *Xenoglossy* (*Xenoglossia)* para apenas um de tais casos.

---

6 LEININGER, Bruno e Andrea *A Volta — A Incrível e Real História da Reencarnação de James Houston Jr*, Editora BestSeller. (Nota Ed. Bras.)

Embora a pesquisa esteja em andamento e continue a ser criticada por céticos, a física Doris Kuhlmann-Wilsdorf afirmou que “a probabilidade estatística de que a encarnação de fato ocorre é tão esmagadora... que cumulativamente a evidência não é inferior a isso para a maioria, se não para todos os ramos da ciência” (Bering, 2013).

IMPLICAÇÕES

Quais são as implicações da hipótese da reencarnação para a educação, se for aceita?

Primeiro, oferece uma visão ampla do processo de crescimento dos seres humanos. Nosso processo de maturação está confinado ao crescimento, envelhecimento e à morte do corpo físico. O corpo é apenas um veículo externo de uma natureza interior que sobrevive à morte física e que é a única que essencialmente cresce ao longo de vidas. Esta natureza interna que parece transferir-se de um corpo para o seguinte tem sido chamada de Ego Reencarnante ou Corpo Causal. (Note-se que a palavra Ego é usada num sentido diferente do usado na psicologia). Ele retém a essência das experiências prévias, mas não os detalhes, que foram abandonados durante a transição da última vida para a vida atual, exceto quando ocorrem mortes prematuras onde os indivíduos encarnam rapidamente, caso em que a criança lembra a vida imediatamente anterior. Este último tem sido tema de praticamente toda a pesquisa feita sobre reencarnação.

Gustave Flaubert, o autor de *Madame Bovary*, escreveu:

> Eu possuo memórias que remontam aos Faraós. Eu me vejo claramente em diferentes épocas da história, praticando diferen-

> tes profissões e em muitos tipos de situações. Minha personalidade atual é o resultado das minhas personalidades perdidas... Muitas coisas seriam explicadas se pudéssemos conhecer nossa real genealogia.... Assim, a hereditariedade é um justo princípio que tem sido mal aplicado. (Head & Cranston, 1986, p. 347).

Isso explica a precocidade de algumas crianças como também as fortes inclinações de pessoas com relação a carreiras, atividades ou campos de estudos específicos. Os estudos de Stevenson indicam até mesmo a presença de comportamentos, gostos e hábitos que parecem ter sido particularmente semelhantes àqueles do indivíduo durante sua vida prévia.

Segundo, explica as amplas disparidades nas personalidades e no caráter entre adultos e crianças, mesmo entre irmãos. As crianças não nascem *tábula rasa*, ou como uma lousa em branco sobre a qual os pais ou professores podem escrever qualquer coisa. Elas nascem com talentos, inclinações, preferências e relacionamentos preexistentes. Pais ou professores precisam ser sensíveis a tais características, e, depois, onde necessário, pacientemente redirecionar as tendências negativas para torná-las saudáveis.

No resumo ao seu artigo intitulado "*Explanatory Value of Reincarnation*" (*O Valor Explicativo da Reencarnação*), o D. Stevenson escreveu:

> A ideia da reencarnação pode contribuir para uma melhor compreensão de assuntos tão diversos como "fobias e afeições da infância; habilidades não aprendidas no início da vida; anomalias no relacionamento pais-filhos; vingança e nacionalismo belicoso; sexualidade infantil e confusão na identidade de gênero; marca de nascença, deformidades congênitas e doenças internas;

> diferenças entre membros de pares de gêmeos monozigóticos; e apetites anormais durante a gravidez. (Stevenson, 1977)

Os educadores teosóficos consideram cada novo bebê como alguém que traz várias tendências de vidas prévias. É função de pais e professores observar essas tendências à medida que começam a se manifestar e fazer as coisas apropriadas adequadamente: encorajar inclinações benéficas e evitar estimular ou reforçar as prejudiciais.

Suponhamos que um menino comece a mostrar tendências agressivas ou violentas. Puni-lo não irá remover essas tendências. Irá apenas suprimi-las, podendo criar nele ressentimento e medo. Isso piora a situação, pois reforça sentimentos e qualidades negativas na criança. Quando, por outro lado, o menino se sente amado, e os pais mostram desapontamento e desaprovação de atos violentos, a criança é inconscientemente encorajada a não repetir o mesmo comportamento, porque não deseja desapontar aqueles que a amam. Ao mostrar desapontamento ou desaprovação, não é gerado medo ou ressentimento.

Terceiro, a reencarnação ajuda-nos a entender a motivação e os talentos internos de muitos indivíduos que buscam certas linhas de carreira ou de trabalho, especialmente entre aqueles que se destacam em seus campos, que não parecem ser atribuíveis à genética ou ao ambiente. Um exemplo é Tom Wiggins (1849-1908), o filho cego de um escravo americano que, após ouvir as filhas do senhor de escravos tocar piano, arrastou-se posteriormente até o teclado e começou a tocar as notas que ouvira. Mais tarde se tornou um excelente pianista e viajou pelos Estados Unidos e Europa fazendo concertos que incluíram uma apresentação para o Presidente dos Estados Unidos, James Buchanan, na Casa Branca.

Quarto, uma vez que a autorrealização e a autotranscendência não parecem possíveis para a ampla maioria da humanidade numa única vida, a reencarnação implica que ninguém está excluído dessa maturidade eventual. O aprendizado desta vida não é perdido nem desperdiçado na morte, sendo acrescido à maturidade acumulada de cada indivíduo através de muitas vidas. A maioria das pessoas evidentemente não está madura ou preparada para a autorrealização, não apenas por causa de personalidades disfuncionais que podem ter sido moldadas pelas circunstâncias da vida (tal como ter pais cruéis), mas também porque parecem ter a capacidade inata para pensar de modo maduro — algo que já pode ser observado durante os anos da infância ou adolescência. Irmãos que possam ter sido expostos a um ambiente semelhante podem apresentar níveis diferentes de maturidade precoce. Quando considerarem os indivíduos a partir desta visão ampla de crescimento e maturidade, pais e professores serão menos impacientes com a lentidão ou falta de resposta dos filhos quando estiverem sendo orientados. Os pais também precisam ser conscientes das expectativas que projetam sobre seus filhos advindos de suas próprias esperanças frustradas (tal como uma mãe que insiste que sua filha estude contabilidade porque ela mesma não conseguiu terminar o referido curso).

OBJEÇÕES À REENCARNAÇÃO

As objeções à reencarnação são muitas vezes culturais — dependendo do país no qual as pessoas tenham sido criadas.

Em muitos países asiáticos, como Índia, China e Tailândia, a reencarnação é parte da visão de mundo da população em geral. Este não é o caso nos países Cristãos e Islâmicos.

Pesquisas feitas em países cristãos mostram, porém, que a tendência está mudando. Nos Estados Unidos, uma pesquisa feita em 2018, pela Pew Research, revelou que 33 por cento dos americanos acreditavam na reencarnação, incluindo 36 por cento de católicos e 26 por cento de protestantes. Um estudo para o grupo de pesquisa interdisciplinar *Theos*, em 2009, descobriu que 27 por cento das pessoas no Reino Unido concordavam com a reencarnação (em Gales, foi 32 por cento) (*The Telegraph*, 2009).

Entre os muçulmanos a reencarnação é aceita por muitos Shiitas, tais como os Alauitas da Síria e da Turquia, e os Alevitas entre os Curdos. Os Druzos, um ramo do Islã, também acreditam na reencarnação.

O Judaísmo é mais neutro com relação à reencarnação, já que não há uma oposição formal a ela. A crença na reencarnação ou *gilgul* é parte essencial da Cabala Judaica.

A teoria da reencarnação é comumente considerada uma doutrina religiosa oriental. Muitas pessoas não estão perceptivas de que ela tem sido parte dos sistemas de crenças do antigo Judaísmo, Cristianismo e mesmo do Islã. Era uma crença proeminente entre os Judeus durante a época de Jesus Cristo. O historiador Flávius Josephus identificou três seitas religiosas naquele período: os Fariseus, os Saduceus e os Essênios. Os Essênios e os Fariseus adotavam a reencarnação entre suas doutrinas. Referência a isso foi também encontrada em muitas passagens no Novo Testamento, tais como quando Jesus disse que João Batista era Elias que retornara. (Mat. 11:12-15). Os Sufis Muçulmanos, tais como Rumi, ensinaram-na.

Supondo-se que todas as pessoas eventualmente superarão as barreiras culturais sobre esta questão, prevê-se que esta será a pesquisa científica que decididamente determinará se a reencarnação é um fator no crescimento humano ou não. Porém, mesmo que este venha a ser o caso, não será ainda tão simples quanto saber que vivemos vidas sucessivas. Precisamos entender ainda as leis que governam a reencarnação — como as causas que produzem tipos particulares de efeitos. Tal conhecimento pode prover orientação sobre ações na vida atual que terão de ser evitadas para prevenir consequências indesejadas que detenham um crescimento mais pleno.

5 As metas da educação

Tendo revisto o que considero ser a melhor compreensão disponível a respeito das necessidades intrínsecas, motivações, propósitos e orientações de crescimento da vida humana, estamos agora mais preparados para retornarmos à questão das metas da educação e das escolas.

As metas educacionais podem ser classificadas de quatro maneiras:

1. Os objetivos governamentais (geralmente emprego, competitividade, crescimento econômico, justiça social, etc.)
2. Os valores de uma religião (doutrinação, adoção de modos de adoração, etc.).
3. Ensino de habilidades específicas (uma escola vocacional, tal como a escola de aeronáutica, dança, artes culinárias, etc.).
4. A meta de alcançar a autorrealização ou o mais elevado potencial de um ser humano, acompanhado de um envolvente senso de realização e felicidade.

A meta última da educação tem de ser a quarta, embora possa incluir aspectos das três primeiras metas estabelecidas por governos, religiões ou instituições. Sem um propósito centrado no ser humano, a abordagem educacional é incompleta.

Pode até mesmo ser nociva, uma vez que tenta forçar a agenda de instituições sociais que podem ir de encontro às mais profundas necessidades dos seres humanos. Uma escola funcionando com um alto padrão acadêmico pode ter como objetivo produzir diplomados habilidosos ou competentes. Mas se esses graduados forem infelizes, estressados ou não realizados, então existe algo tremendamente errado.

Na educação padrão, a vida é implicitamente definida como vida social; isto é, jovens estudantes estão sendo preparados *para se adaptarem à sociedade*. Os valores, hábitos, as atitudes e habilidades sendo ensinados são aqueles procurados pela cultura prevalecente. Há cinco séculos, esses valores teriam sido diferentes.

As faculdades de hoje em dia, por exemplo, põem ênfase excessiva sobre temas que têm por objetivo elevar habilidades para uma determinada profissão, tais como marketing, financeiro, atividade bancária ou ciência da computação. Isto significa visar um salário mais alto. Existe pouca ênfase sobre ciências humanas ou a educação liberal, que são vistas como um tanto improdutivas ou inúteis. A mensagem implícita é que a meta de uma educação superior é "ser bem-sucedido" na carreira escolhida. Como resultado, o significado da vida é frequentemente decidido em termos de sucesso material ou social. Erich Fromm, o psicanalista e filósofo, escreveu em *Sane Society [Sociedade Sã]*:

> ... O próprio homem tornou-se parte da máquina, em vez de seu senhor. Ele se fez passar por uma mercadoria, um investimento; seu objetivo tornou-se ser um sucesso, isto é, vender-se com tanto lucro quanto possível no mercado. Seu valor como pessoa jaz em por quanto consegue se vender, não em suas qua-

> lidades humanas de amor, razão ou em suas capacidades artísticas. (Fromm, 1955)

O QUE É O SUCESSO?

A motivação para ser bem-sucedido é o fator dominante em todas as áreas do esforço humano. Uma vez que projetamos instituições acadêmicas para ajudar os jovens a serem bem-sucedidos na vida, precisamos ter clareza a respeito do que realmente queremos dizer por ser bem-sucedido.

Será que sucesso significa tornar-se financeiramente próspero? Este é o referencial de sucesso para muitos jovens, particularmente nas economias emergentes. Eles consideram pessoas como Bill Gates ou Warren Buffett como seres situados no topo do monte Olympus. Na China pós-comunista, um tópico frequente na conversação é quanto dinheiro alguém ganhou. O recente *best-seller* internacional, *Crazy Rich Asians*, satiriza essa obsessão pelo poder financeiro.

Se ser rico significa ser bem-sucedido, então todas as pessoas ricas devem sentir-se realizadas e felizes. Será que são?

Adolf Merckle, o industrial alemão que foi uma das pessoas mais ricas do mundo, suicidou-se em 2009 quando perdeu parte de sua fortuna durante a recessão global. Apesar de suas perdas, ele ainda era uma pessoa muitíssimo rica. Steven L. Good foi CEO da Sheldon Good & Co., a maior empresa de leilões imobiliários nos Estados Unidos. Ele era muitíssimo respeitado e admirado. Em 2009, suicidou-se com um tiro.

Há uma longa lista de pessoas ricas que decidiram pôr fim às suas vidas. Significa que embora a riqueza tenha seus aspectos invejáveis, ela necessariamente não se equipara ao sucesso.

Nenhuma pessoa verdadeiramente bem-sucedida decide pôr fim à sua vida.

Será que o sucesso é o atingimento da fama e da glória? Quando as pessoas se tornam famosas, elas apreciam a adulação de fãs e admiradores. Serão elas então verdadeiramente bem-sucedidas?

Marilyn Monroe foi uma das mais famosas atrizes de Hollywood nos anos de 19(50) e 19(60). Ela produzia seus próprios filmes. Em dezembro de 1962, com a idade de 36 anos, foi encontrada morta como resultado de uma overdose de barbitúricos. O *Los Angeles Times* descreveu-a como "uma bela mulher atribulada que não conseguiu encontrar a felicidade como a estrela mais brilhante de Hollywood" (5 de agosto, 1962). A multipremiada atriz chinesa Linda Lin Dai também pôs fim à sua vida com uma overdose de barbitúricos e o quarto cheio de gás. (*South China Morning Post*, 18 de julho, 1964).

A fama tem suas recompensas, mas não é suficiente para tornar a vida feliz e significativa.

O poder e a posição são suficientes? Uma pessoa é bem-sucedida porque se tornou influente, como senador ou presidente de um país? Precisamos apenas lembrar pessoas como Adolf Hitler e Idi Amin para entendermos que poder e posição não se traduzem em verdadeiro sucesso. Se riqueza, fama e poder são em última análise vazios e não constituem a essência do sucesso, então nossas instituições educacionais devem ser cuidadosas ao projetarem suas metas educacionais em termos de produzir pessoas que são levadas a correr atrás destes tipos de sucesso. Esse fascínio é o produto da mídia que aumenta a impressão de que tal *status* social é bom ou vale a pena. Necessariamente não se traduz em verdadeira realização, contentamento ou numa vida significativa.

O SIGNIFICADO E PROPÓSITO DA VIDA

A suposição de que a vida deve ser definida em termos de valores sociais é superficial e de curta duração.

É superficial porque a vida humana é mais do que posição social. Trata-se também de relacionamentos, alegria, tristeza, significado, amor, harmonia e espiritualidade.

É de curta duração porque não considera o propósito mais amplo da vida humana. A vida humana tem um aspecto metafísico ou transcendente que vai além dos valores em mudança da sociedade. Pelo fato de educadores, filósofos e pessoas religiosas não conseguirem concordar com este aspecto, ele tem sido geralmente relegado para segundo plano entre as instituições públicas e seculares. Em algumas escolas religiosas, este propósito percebido tem frequentemente sido traduzido de maneira dogmática e doentia, o que torna as pessoas temerosas, supersticiosas e às vezes irracionais.

A preparação para a vida deve incorporar uma visão que seja ao mesmo tempo comum e profunda, baseada na sabedoria acumulada da humanidade.

Aqui estão algumas reflexões sobre o que nos devemos preparar para:

- Conseguirmos encarar com competência os desafios do mundo natural e social de um adulto. Por exemplo, adquirindo conhecimento suficiente a respeito de saúde, tecnologia, habilidades, assim como conhecimento geral para podermos transitar pelo labirinto da sociedade.
- Vivermos uma vida no geral feliz e realizada. Este propósito tem aspectos emocionais, cognitivos e éticos, isto é,

sabermos como lidar com as nossas emoções, tendo uma filosofia de vida razoavelmente eficaz, e uma maneira ética de viver baseada em sólidos princípios morais universais.
- Termos relacionamentos gratificantes. O fracasso nos relacionamentos é a principal causa de infelicidade.
- Sermos capazes de descobrir nossa vocação e buscá-la significativamente na nossa melhor habilidade.
- Perseguirmos o nosso mais elevado potencial em termos de crescimento humano. É o impulso rumo à maturidade, à autorrealização.
- Sermos capazes de significativamente contribuir para o bem-estar e a felicidade dos seres humanos, assim como de outras criaturas sencientes na Natureza; ajudarmos a humanidade a alcançar um estado de harmonia coletiva e benevolência mútua numa base duradoura.

O indivíduo que consiga alcançar a maioria, se não todos os potenciais acima, seria um ser humano realizado. Dificilmente podemos exigir mais. Podemos, com segurança, considerar que realizá-los é a mais elevada meta da educação.

À luz do que foi dito acima, grande parte da educação moderna é um fracasso, tanto nos assim chamados países desenvolvidos quanto nos países em desenvolvimento. Nos países desenvolvidos, encontramos um elevado nível de estresse, ansiedade, alienação, divórcio, etc., assim como elevada incidência de crime, uso de drogas, e suicídio. Nos países em desenvolvimento, existe um elevado grau de injustiça, corrupção, insegurança, desigualdade de renda, analfabetismo e superstição social.

A meta de muitas escolas progressivas e métodos alternativos de educação, incluindo o método esboçado neste livro, é corrigir o atual desequilíbrio nos currículos escolares, como também prover um ambiente que irá fomentar um caráter sadio no indivíduo. Eles evitam os vários métodos educacionais nocivos em muitas de nossas escolas, tais como competição, uso de notas na mensuração de competência e o uso de medo e coerção na motivação dos alunos.

A PREPARAÇÃO PARA A VIDA

A educação correta, então, é uma preparação sistemática para a vida em seu sentido mais amplo, e não uma preparação apenas para adaptação social.

Pessoas "não educadas", isto é, aquelas que não foram submetidas a uma educação bem fundamentada, terão de encontrar as soluções para os enigmas e as dificuldades na vida por meio de tentativa e erro, e terão de depender de sua ativa inteligência, desenvoltura, pertinácia, etc. As pessoas "verdadeiramente educadas", por outro lado, são aquelas que cresceram num ambiente educacional que provê um modo sistemático e acelerado no qual essas lições são aprendidas de antemão, diminuindo assim as chances de dor e sofrimento quando enfrentarem a vida quando adultas.

A boa educação, portanto, é aquela que irá preparar a pessoa para enfrentar a vida em sua totalidade, contribuindo para a felicidade e realização do indivíduo. Em contraste, a educação deficiente fracassa fundamentalmente nesta tarefa.

6 Quatro aspectos da educação

A educação total envolve pelo menos quatro aspectos que devem ser incluídos no currículo da escola:

1. Uma compreensão integral da vida
2. O desenvolvimento de um caráter sólido e de uma personalidade sadia
3. Competência
4. Capacidade para a felicidade

I. COMPREENSÃO INTEGRADA DA VIDA

Os mapas gerais de realidade dados por muitas escolas estão baseados numa compreensão popular da vida, que em longo prazo falha em vários aspectos importantes, tanto para o indivíduo quanto para a sociedade. Para o indivíduo, resulta em infelicidade. Para a sociedade, leva à insegurança, destruição e conflito.

Os mapas populares da sociedade estão caracterizados por sérias contradições internas. Ensinam honestidade, e ao mesmo tempo mostram, por exemplo, que a honestidade é impraticável. Ensinam o amor, e ao mesmo tempo justificam o uso da ira como parte normal da vida, não entendendo que o amor e o ódio são incompatíveis. Essas incongruências surgem quando valores, práticas e costumes sociais são baseados em conveniência de curto prazo e não numa perspectiva de longo prazo.

As crianças aprendem a respeito da vida e suas regras através da exposição e interação com pessoas e o ambiente. Sua reação instintiva a esta exposição resulta na formação de sua personalidade. Exemplos de tais padrões de reação intrínsecos são: evitar a dor, a curiosidade, a tendência, a repetir o prazer, o instinto de sobrevivência, o medo, a necessidade de segurança e a necessidade de aprovação.

A exposição, automaticamente, desenvolve uma visão de mundo nas crianças, e essa é a sua compreensão do que é a vida. Compreensão essa que não é formada de modo consciente, mas inconscientemente. Assim, por exemplo, a exposição a pais cruéis pode resultar em retraimento, timidez, defensiva, hostilidade ou tendência à violência. A não ser que estas coisas sejam corrigidas ou equilibradas por influências contrárias, elas se tornarão a visão de mundo ou a atitude individual de toda a vida.

A visão de mundo da criança média, portanto, é apenas um amálgama de reações aprendidas distintas e díspares às situações e pressões ambientais, tendo duas características:

- A visão de mundo não é integrada, isto é, visões de mundo contraditórias podem coexistir dentro dela porque as crianças ainda têm uma fraca capacidade para integração. Elas não abordam todo o lado de uma questão e ainda não entendem o significado e a implicação das questões de vida.
- A visão de mundo também não é revisada, isto é, existe a tendência de aceitar as declarações de adultos ou de livros

> com pouco questionamento. É preciso que a pessoa seja madura para conseguir avaliar se uma opinião, um valor ou uma prática cultural são válidas ou sensatas.

As escolas tendem a perpetuar esta falta de integração e fracassam na revisão da validade das visões de mundo. Isso se deve a vários fatores.

Os próprios adultos (professores e administradores) abrigam os mesmos elementos contraditórios em suas visões de mundo, de modo que não consideram estas coisas como incomuns ou anormais. Por exemplo, a contradição entre "a honestidade é a melhor política" e "a honestidade é muitas vezes impraticável" é deixada sem solução. A contradição entre a virtude do amor e as justificativas para a raiva permanecem ainda aguardando solução. Que Deus é onisciente não lhes parece ser inconsistente com os ensinamentos do Velho Testamento de que Deus lamenta ter feito algo, ou que Deus muda de ideia quando alguém ora para Ele.

A habilidade para revisar ou questionar a validade de uma afirmação ou de um fato presumido é sinal de inteligência. O sistema de ensino padrão muitas vezes não encoraja isso porque é problemático demais ter de explicar tudo aos alunos. Além disso, muitos professores frequentemente não sabem as respostas e se irritam quando questionados e não conseguem responder. Frequentemente recorrem ao poder de sua autoridade para inibir tais questionamentos.

O professor típico fica na defensiva se lhe perguntam, "professor, por que tenho de estudar como resolver raiz quadrada?" ou "por que temos de memorizar as capitais dos estados?" Estes tipos de perguntas frequentemente são considerados como um desafio, insubordinação ou questionamento da sabedoria dos adultos e não como sinais de pensamento crítico.

Um relacionamento autoritário é mais conveniente para os professores. É mais fácil forçar as crianças a realizarem uma tarefa do que motivá-las a genuinamente se interessarem em realizá-la.

Por esta razão a escola precisa ter professores que sejam genuinamente inteligentes, criativos e intelectualmente livres. As crianças não devem ter medo de questionar as coisas, e consequentemente tendem a integrar a compreensão que têm da vida. Elas estão desejosas de rejeitar as crenças que sejam inconsistentes com fatos, evidências ou *insights* consagrados pelo tempo. Devem ser encorajadas a fazer perguntas tais como "o que verdadeiramente é o sucesso?" ou "por que temos de ir à escola?"

Uma escola salutar, portanto, criará um ambiente onde os alunos serão encorajados a questionar o que é a verdade ou realidade, mesmo se tais discussões tornarem as pessoas desconfortáveis, inclusive elas mesmas. A escola não fixará barreiras para discussão ou exploração, senão com relação à cortesia e à consideração.

II. A CONSTRUÇÃO DO CARÁTER E O DESENVOLVIMENTO DA PERSONALIDADE

Lidar com a vida envolve o desenvolvimento de certas qualidades, tais como autoestima, autoconfiança, integridade, honestidade, gentileza, senso de justiça, veracidade, etc. Esses traços ou são partes do caráter pessoal ou da personalidade.

O desenvolvimento do caráter inclui clareza de valores sobre o que é certo e o que é errado, sobre o que é mais importante e menos importante, e a habilidade para agir de acordo com tal hierarquia de valores. Nos seus níveis mais sublimes, a boa educação incluirá o estímulo da vida transcendente.

O desenvolvimento da personalidade, por outro lado, refere-se ao desenvolvimento de hábitos saudáveis — mentais, sociais, emocionais e físicos — que estarão em harmonia com o caráter e os valores pessoais.

O ambiente familiar e o escolar são as bases do treinamento primário para o caráter. Isso não é tanto ensinado, porém, é aprendido por meio de exemplos. É difícil ensinar integridade se pais ou professores têm problemas em tornar suas ações consistentes com seus ensinamentos.

Ao mesmo tempo, a construção do caráter é uma ciência no sentido de que pode ser ensinada sistematicamente, desde que os professores sejam claros sobre os valores e métodos. Por exemplo, a honestidade pode ser fortalecida em um ambiente que não penaliza a honestidade.

O desenvolvimento do caráter não se refere apenas a valores e virtudes. É também uma qualidade de autopercepção a respeito de conflitos internos que precisam ser integrados e resolvidos. Uma virtude como o amor não consegue se manifestar quando a criança não está autoconsciente do aumento incontrolável da ira em seu interior. Quando a ira assume o controle, há um desejo compulsivo de ferir os outros — um ato oposto ao amor.

Assim, a construção do caráter não apenas envolve saber a respeito de certo e errado, mas do autodomínio que permite à pessoa agir de acordo com suas visões ou convicções. Por exemplo, ser honesto deve ser igualado a estar livre do medo de enfrentar consequências. O desenvolvimento desta capacidade dual é o aspecto autotransformador da educação: o domínio dos padrões de comportamento pessoais e o despertar da natureza superior (ver capítulo sobre "Educação Autotransformadora").

Isto nos leva ao desenvolvimento da personalidade, aquele aspecto da natureza humana que está inevitavelmente unido ao desenvolvimento do caráter.

A palavra "personalidade" vem da palavra latina *persona*, que significa uma "máscara". É a camada externa de nossa natureza, em oposição à nossa natureza interna, frequentemente chamada de nossa "individualidade". A personalidade é um produto do condicionamento, isto é, a criação pelos pais, a influência de escolas e da sociedade. Tais influências produzem hábitos físicos, emocionais e mentais, que podem ir de encontro aos nossos valores e percepções mais profundos da realidade. Por exemplo, uma pessoa que tenha adquirido fobia a serpentes pode não conseguir olhar para a foto de uma serpente sem se encolher de medo. A mente diz que a foto é apenas um pedaço de papel que não representa perigo para ninguém, mas o padrão de reação condicionado da personalidade reagirá fortemente como se a foto fosse um perigo real.

Assim, o desenvolvimento da personalidade refere-se a formar uma personalidade tal que não se comportará de uma forma disfuncional que impedirá uma percepção objetiva e madura da realidade.

A distinção entre individualidade e personalidades é de tal importância que dedicaremos o próximo capítulo a isto.

III. COMPETÊNCIA

Competência não significa apenas ser bom em linguagem, matemática, contabilidade ou habilidades profissionais. Há três tipos de competências:

1. Competência de vida
2. Competência de trabalho
3. Competência profissional

1. Competência de Vida. Refere-se às capacidades na vida que tratarão das demandas da existência. Não é apenas sobre habilidades profissionais, tais como, programação de computadores, marketing, política, etc., embora estas coisas sejam muitas vezes necessárias para o indivíduo atuar bem em muitas situações na sociedade atual. As habilidades de vida envolvem algo mais fundamental. Referem-se a autodisciplina, eficácia nos relacionamentos, racionalidade, e habilidades na tomada de decisões, perseverança, otimismo, autoconfiança, paciência, etc. Embora linguagem e ciência sejam ensinadas sistematicamente, as competências de vida são muitas vezes tratadas numa abordagem esporádica de acerto e erro. Uma boa escola deve poder sistematicamente preparar um ambiente e um programa de exposição que estimulará estas competências, que devem incluir o seguinte:

- Relacionamentos efetivos
- Autopercepção
- Autodomínio
- Saúde física

- Interesse em aprender
- Positividade
- Caráter
- Responsabilidade social

Autodomínio é um exemplo de uma importante habilidade vital. É a habilidade de levar a cabo algo que se tenha decidido fazer, tal como perder peso, terminar uma tarefa mesmo que seja desagradável, exercitar-se para manter a saúde, etc.

Habilidade na comunicação é outra capacidade que o jovem precisa desenvolver. Tendo o caráter como alicerce, a habilidade para se comunicar eficazmente facilita o relacionamento com os outros. Isto inclui a capacidade para ouvir genuinamente e falar assertivamente sem ferir ou ofender as pessoas. Um percentual extremamente alto de infelicidade humana deve-se a fracassos no relacionamento.

Deve-se notar que as habilidades de comunicação são apenas a base do segundo nível de relacionamentos eficazes e de habilidades sociais. O primeiro nível é a qualidade do caráter pessoal, pois, sem esse, as habilidades de comunicação tornam-se apenas técnicas ou habilidades manipuladoras. Quando, por exemplo, não há sinceridade ou honestidade, essas habilidades tornam-se apenas delicadeza externa e não funcionarão em longo prazo.

Outros exemplos de competências vitais são as habilidades para tomada de decisões, cumprir com a palavra, o hábito de não deixar para depois, etc.

A "boa" escola é aquela que consegue adequadamente preparar os jovens para adquirirem estas habilidades que servirão como bases para a eficácia em qualquer que seja a carreira ou trabalho que possam escolher empreender.

2. Competência de Trabalho. Isto se refere às capacidades ligadas à eficácia em situações do trabalho, seja como empregado, executivo, profissional ou homem de negócio. Vejamos como exemplos os seguintes:

Orientação para o Resultado — A capacidade de pensar e trabalhar em termos de resultados, e não apenas realizar tarefas (orientado a tarefas)

Habilidades de Comunicação — A habilidade para comunicar as próprias ideias com possibilidades mínimas de incompreensão e mal-entendido. Isto requer a habilidade para ouvir e falar de maneira assertiva.

Habilidades com as Pessoas — Ser eficaz ao lidar com superiores, com os pares e subordinados, onde o relacionamento seja harmonioso e funcionalmente eficaz.

Exatidão — O hábito de ser exato com os dados, a implementação, os relatórios, etc. Isto envolve estar atento aos detalhes de uma tarefa assim como o hábito da dupla verificação do próprio trabalho.

Confiabilidade — Quando uma tarefa é aceita, então se espera que ela seja realizada conforme o combinado e no tempo devido. Quando existem questões que precisam ser discutidas com um superior ou um colega, então há pouca hesitação em fazê-lo. A pessoa não espera até que outra a acompanhe na execução da tarefa. Ela assume a responsabilidade para produzir os resultados.

Realizar Tarefas a Tempo — Quando alguém se compromete com um trabalho que tenha prazo, então deve realizá-lo no tempo devido sem ser lembrado. Se houver algum potencial para demora, deve-se notificar as pessoas que esperam os resultados.

Falar em Público — Ao se trabalhar com grupos, é esperado que alguém lhes explique ou lhes relate as coisas. Isto envolve a capacidade para transmitir ideias e propostas pessoais de modo convincente.

Autoconfiança — Trata-se de confiança na capacidade pessoal de aprender ou realizar tarefas específicas.

Liderança — A capacidade para inspirar, organizar ou orientar um grupo para realizar uma tarefa comum.

3. Competência Profissional. Essas são as habilidades especializadas necessárias para se sair bem numa profissão, carreira ou vocação particular. Isto significa conhecer a lei para o advogado, programação para o técnico de computador, contabilidade para os contadores ou astronomia para os astrônomos.

Geralmente as escolas padrão em todo o mundo focam principalmente sobre habilidades profissionais ou técnicas. Essas, embora importantes, por si mesmas não resultam em profunda realização na vida ou mesmo sucesso na carreira pessoal. Assim, muitas pessoas perderam a oportunidade de assumir responsabilidades superiores por causa de fraquezas pessoais ou de caráter, mesmo que mostrassem excepcionais habilidades profissionais.

IV. CAPACIDADE PARA A FELICIDADE

Os três aspectos acima levam quase que naturalmente ao quarto: a capacidade para viver uma vida mais feliz.

As causas da infelicidade são extremamente complexas, mas vários fatores importantes podem ser identificados:

- Baixa autoestima — Isto significa sentir-se indigno e não amado; dependência da aprovação de outras pessoas; tendência de se comparar com os outros. Estas coisas são desenvolvidas enquanto se é jovem e, frequentemente, tornam-se tão profundamente enraizadas no subconsciente que se torna muito desafiador desfazer-se disso na idade adulta. Um ambiente opressivo e depreciador em casa ou na escola é a principal causa de baixa autoestima. Essa é a razão pela qual a cultura saudável da escola é tão vital na manutenção da autoestima natural e inconsciente de uma criança.
- Reação imatura às circunstâncias — Alguns exemplos disso são o medo, a ira, o ressentimento, etc. Muitas crianças crescem com muitos temores, especialmente de punição e de rejeição. Elas aprendem que não há problema em ficarem zangadas e ressentidas. Condicionamentos tais como esses são os tijolos invisíveis que compõem o edifício obscuro da infelicidade. Dedicaremos um capítulo sobre como lidar com estas coisas.
- Relacionamentos infelizes com as pessoas — especialmente com aquelas de quem somos próximos. Isto se deve novamente à exposição a relacionamentos nocivos ou perniciosos com adultos, e estar condicionado a modos negativos de lidar com conflitos e dificuldades. Tais indivíduos não aprenderam os rudimentos da construção de relacionamentos amistosos.

A tarefa do educador então é formular um programa que vá ao encontro das quatro referidas necessidades de um indivíduo:

- Ter uma compreensão integrada da vida
- Desenvolver caráter e personalidade sadios.
- Construir três níveis de competência
- Ter a capacidade de ser feliz

A escola que simplesmente satisfaz as necessidades técnicas ou de habilidades externas está apenas nutrindo jovens que posteriormente em suas vidas encontrarão barreiras intransponíveis que lhes impedirão de alcançar paz, realização e felicidade interiores.

7 Educação transformadora

O que pode ser chamado de educação transformadora atende às necessidades da natureza dual de nosso ser: a personalidade externa e a individualidade interna, liberando os mais elevados potenciais do indivíduo.

A personalidade é composta do corpo físico (conjugado com o duplo etérico), as emoções e a mente inferior. Eles são simbolizados por um triângulo invertido.

Os três níveis superiores de nossa consciência são a mente superior, a consciência espiritual e a consciência universal. Elas são comumente representadas por um triângulo vertical.

Quando estas duas partes estão harmonizadas, elas são juntamente simbolizadas por uma estrela de seis pontas, representando a integração do superior com o inferior. A estrela de seis pontas é um símbolo antigo, muito antigo, e pode ser encontrado nos templos antigos da Índia. Muito tempo depois foi que os judeus a adotaram como símbolo de Israel.

Esse alinhamento é crucial uma vez que o conflito entre a individualidade interior e a personalidade exterior resultará em frustração, ineficácia e infelicidade. Se a personalidade vence a luta, então haverá um retrocesso na busca da autorrealização e da maturidade.

Esta natureza dual do ser humano é um *insight* consagrado pelo tempo entre os sábios do passado. A natureza superior corporifica a parte mais sábia e mais sublime de nosso ser: pensamento abstrato, racionalidade, impessoalidade, valores essenciais, força de vontade, intuição e espiritualidade. O eu inferior é muitas vezes o produto do ambiente e da formação. Geralmente crescemos segundo os costumes, valores e hábitos dos adultos à nossa volta. Estes meios são frequentemente míopes na medida em que buscam gratificação e satisfação de curto prazo. Tais atos geralmente vão contra os princípios e valores mais profundos dentro de nós.

São Paulo falou deste conflito interno:

> ... Se existe um corpo natural, existe também um corpo espiritual. (1 Cor 15:44)
>
> Por que não faço o bem que quero, mas o mal que não quero — esse faço... Embora eu queira fazer o bem, o mal está comigo. Pois segundo o homem interior, tenho prazer na lei de Deus; mas vejo nos meus membros outra lei, que batalha contra a lei do meu entendimento, e me prende debaixo da lei do pecado que está nos meus membros.

Helena Blavatsky afirma que o dever de cada um "é controlar e conquistar, através do Eu Superior, o eu inferior". (Blavatsky, 1889, Sec. 12)

Benjamin Franklin enfatiza este aspecto de paternidade e educação na formação de uma criança:

> Educa teus filhos para o autocontrole, para o hábito de manter a paixão, o preconceito e as tendências prejudiciais sujeitas a uma vontade reta e racional, e terás feito muito para abolir a miséria de seu futuro e crimes da sociedade.

Um escritor moderno, Stephen R. Covey, afirma que "a habilidade para subordinar um impulso a um valor é a essência da pessoa proativa" (Covey, 2013)

FORTALECENDO O EU SUPERIOR

Consideremos as várias facetas do Eu Superior que devem ser estimuladas:

Racionalidade: A racionalidade é a primeira característica do Eu Superior que é acessível a todos. Raciocinar significa extrair conclusões lógicas de fatos e premissas. Não se refere a preferências (a não ser que uma das premissas seja a respeito de gostos ou aversões, mas o processo de raciocínio não é influenciado por tais gostos ou aversões). Este o ponto de partida da objetividade na visualização da realidade, e este é o alicerce para ir além do pessoal.

Nos níveis médio e universitário, portanto, deixem os alunos terem um curso sobre lógica e filosofia para compreenderem e apreciarem as leis da razão. Isso os ajudará a perceber quaisquer processos ilógicos de pensar. Se todos os humanos são animais, e Aristóteles é um ser humano, então se deduz que Aristóteles é um animal. Se todos os cães são animais, e todos os cães têm quatro patas, não significa que todos animais tenham quatro patas. Existem leis de pensamento silogístico que nos ajudam a evitar chegar a conclusões erradas.

Há muitos modos de raciocínio errôneo, chamados falácias, que estão na raiz de muitas crenças supersticiosas. A eficácia em viver de modo significativo depende de pensamento racional, associado ao autodomínio.

Eu fico constantemente perplexo quando vejo tantos adultos que parecem ser muito racionais e inteligentes no que diz respeito a assuntos profissionais, porém, aparentemente fracassam ao não ver contradições óbvias no que diz respeito a seus sistemas de crenças. Eles têm pressupostos ou preconceitos profundamente arraigados (quase subconscientes) que ignoram o processo racional e emergem como fator essencial em suas visões de mundo e nas decisões de vida. Preconceitos religiosos, raciais e culturais são mais difíceis de erradicar num adulto. A faculdade de raciocínio deve ser bem treinada na mais tenra idade.

Ensinar a racionalidade pode ser feito de várias maneiras.

A matemática é a nossa mais antiga exposição ao pensamento racional. 2 + 2 é sempre igual a 4, e nunca é diferente.

Outra abordagem é aprender ciência e o método científico. Através da experimentação e do processo de raciocínio chegamos a conclusões precisas nas quais podemos confiar.

Pensamento Abstrato. O pensamento abstrato é o alicerce da racionalidade e da inteligência humana. Ele vê mais profundamente a essência das coisas e os princípios subjacentes por trás dos fenômenos observados. É a base do *insight* e a capacidade para ver as conexões entre diferentes informações. É mais rápido no processamento de informação e é uma faculdade essencial na leitura rápida.

Os pensamentos abstratos são amorfos e não estão diretamente ligados a gostos e aversões pessoais. O pensamento abstrato discerne rapidamente fatos ou verdades superiores, tais como o conceito de raiz quadrada ou o infinito. É a mente inferior, engajada em pensamento concreto, que por sua vez percebe as coisas juntamente com as emoções, resultando em decisões ou julgamentos automáticos como "eu não gosto disto" ou "eu prefiro não fazer".

Uma maneira rápida de desenvolver o pensamento abstrato nos alunos é apresentando e discutindo palavras conceituais. Palavras conceituais são diferentes de palavras objetivas. Podemos visualizar a extensão de um metro, mas não podemos fazê-lo com o "infinito", uma ideia que só pode ser conceituada ou compreendida sem imagens. Pode-se conceber uma escrivaninha organizada, mas não a palavra "sistema". Quando discutimos a diferença entre "qual é o significado da vida" e "qual é o propósito da vida", entramos no reino das abstrações. Veremos que a capacidade para entender melhor a verdade a respeito da vida e da realidade exige uma profunda faculdade para investigação. Não mais dependemos da mente animal que lembra principalmente rostos, palavras, associações, números, lugares, etc.

Frequentemente os alunos dirão que sentem dor de cabeça ou pressão na cabeça quando discutem temas abstratos. Isto ocorre porque uma boa parte do cérebro está sendo estimulada, resultando em desconforto físico. Mas depois de certo período, essa pressão desaparece. Discussões sobre coisa abstratas se tornarão então algo regular, não exigindo muito esforço.

Uma aula de filosofia bem conduzida é um dos melhores lugares para tal treinamento. Uma pergunta como "qual é o propósito da vida" é diferente de "qual é minha ambição na vida"; uma pergunta como "o que é a beleza?" não é a mesma coisa que "nomeie uma coisa bela". Uma simples discussão a respeito da essência de uma mesa, por exemplo, já estimularia a capacidade de pensamento pessoal abstrato. Uma mesa precisa ter pernas? Poderá uma rocha com uma superfície achatada sobre a qual eu possa escrever ser considerada uma mesa? O que dizer de uma rocha achatada no meio de uma floresta onde ninguém jamais esteve? Poderá ser considerada uma mesa? Se não puder, será a essência de uma coisa, subjetiva — dependendo do usuário ou da pessoa que a produziu? Mas o que dizer de objetos como uma rocha que está na superfície da lua há bilhões de anos? Ela tem uma essência?

O que parece um exercício mental inútil pode de repente surgir como uma importante questão filosófica ou mesmo religiosa. Será a essência ou o significado da vida dado apenas pelo observador, ou seja, por um ser humano? Ou haverá um Deus que concede a nossa essência e consequentemente significado para a vida?

Impessoalidade. A primeira qualidade distintiva do Eu Superior é sua natureza impessoal. Pessoal refere-se a coisas relegadas ao ego ou interesse próprio de alguém. Como tal, as ações pessoais são autocentradas ou centradas no ego. Isto não implica que sejam más ou egoístas, mas que estão relacionadas à visão ou interesse particular da pessoa. Podem não corresponder à realidade objetiva.

Visões ou julgamentos impessoais, por outro lado, não estão relacionados aos gostos ou às aversões de uma pessoa. Por exemplo, a mente superior sabe que a morte chega para todos. É somente uma questão de saber quando. O eu pessoal, porém, pode temer a morte e nem mesmo quer pensar ou conversar a respeito. A pessoa pode adiar as preparações ligadas à morte, tais como escrever um testamento, discutir questões de herança, ou providenciar documentos que os filhos precisarão. É esta também a razão por que o Código de Ética Médica da Associação Médica Americana estipula que «os médicos geralmente não devem tratar a si mesmos ou a membros de suas famílias imediatas", especialmente em casos de cirurgia. Fatores pessoais podem facilmente se sobrepor e interferir com um julgamento imparcial.

Porém, não devemos cometer o erro de pensar que a mente superior seja indiferente. Ela tem preferências, mas preferências não baseadas em gostos e aversões pessoais, e sim em valores, sobre o que é apropriado, o que é certo, o que é compassivo.

A mente superior, que pensa de modo abstrato e impessoal, consegue ver as coisas mais objetivamente. Está menos propensa a tomar decisões não realistas. Fred pode ser meu amigo, mas se ele comete uma falta numa disputa com outra pessoa, então eu não devo favorecê-lo. Meus gostos e aversões não devem afetar a minha avaliação de uma situação. Isto é impessoalidade.

Altruísmo. Esta capacidade para pensamento impessoal e abstrato torna a natureza superior altruísta. Suas avaliações ou julgamentos não estão automaticamente ligados ao interesse próprio. Se o caixa de um banco erroneamente nos dá mais dinheiro do que deveria, a mente superior imediatamente reconhece que devemos devolver o excedente. Quando, no entanto, a mente pessoal e os sentimentos interferem no quadro, podemos hesitar ou decidir ficar quietos a respeito do troco em excesso. Há agora um conflito entre a percepção do Eu Superior e o interesse pessoal do eu inferior. Qual irá prevalecer? Depende de qual seja o mais forte.

O fortalecimento do triângulo superior é a base do altruísmo. A fonte do egoísmo é o triângulo inferior.

Valores Fundamentais. O que chamamos de valores fundamentais são diferentes de valores pessoais. Os valores fundamentais são impessoais e universais. Verdade, justiça, amor, gentileza, altruísmo e compaixão são alguns exemplos de valores fundamentais que transcendem tempo e cultura. Eles eram válidos há três mil anos, e serão válidos daqui a cinco mil anos.

Quando não são discutidos ou explorados, os valores fundamentais parecem distantes e idealistas, até mesmo irreais. Quando examinados, começamos a entender que merecem ser integrados em nossas vidas, mesmo se forem desafiadores, porque são os valores que, no final das contas, produzem paz, felicidade e significado.

Logo que alguém tenha obtido *insights* genuínos sobre a importância dos valores fundamentais na vida, esses valores tornam-se pilares na nossa consciência superior que não mais podem ser removidos. Sabemos que são verdadeiros e corretos. A questão que permanece é como podemos enfrentar as inconvenientes consequências e agir segundo tais valores.

Todos nós preferimos dizer a verdade — exceto quando dizer a verdade acarrete consequências indesejadas. Então surge um dilema.

Parte do treinamento do caráter é poder ter clareza a respeito de nossa hierarquia de valores: que é melhor enfrentarmos as consequências desagradáveis de curto prazo para evitar os efeitos dolorosos maiores. Ao mentir para o meu filho agora, ele pode parar a choradeira, e eu posso sentir que funcionou. Assim que o meu filho descobre que muitas vezes eu menti para ele, então eu tenho o pior pesadelo diante de mim: anos de desrespeito, ressentimento, provocação, desconfiança e mesmo rebeldia. Com isto pode surgir um senso de fracasso pessoal como pai ou mãe, e talvez anos de infelicidade. Será que todas essas coisas valem a pena para evitar uma hora de choro?

Vontade Interior. Isto nos leva à questão da vontade em oposição ao desejo. Se a mente superior não for forte, os desejos inferiores ou os medos subjugarão constantemente a vontade interior. Dizemos que tal pessoa tem vontade fraca.

O que chamamos de vontade é ver ou reconhecer que é apropriado fazer algo. É uma afirmação interior de que uma determinada linha de ação é a melhor entre várias opções.

O triângulo superior, no entanto, não é um instrumento para a ação. As faculdades que executam o próprio julgamento residem na personalidade ou no triângulo inferior — seja em comunicar, reagir ou realizar ação física. Em apoio aos padrões condicionados da personalidade estão as energias psicológicas e fisiológicas que podem ser fortes ou fracas. O desejo de fumar pode ser tão fraco que a pessoa não se importa de não fumar. Mas quando o padrão reativo está carregado de intensa energia, então se torna um vício ao qual pode ser muito difícil resistir. São estes padrões comportamentais condicionados e energizados que a mente ou o julgamento superior precisa enfrentar. Quando a personalidade segue os ditames da mente superior, então dizemos que a pessoa tem uma vontade forte.

O que chamamos de força de vontade, então, é uma combinação de dois fatores: (a) clareza de percepção e valores superiores, e (b) a capacidade de resposta da personalidade a tal percepção e valores. Quando essa cognição superior está ausente, então não existe vontade interior ou superior de que se falar. Quando está presente, mas a personalidade não é responsiva a seus ditames, assim é impotente e não faz diferença na vida do indivíduo.

O desenvolvimento da vontade, portanto, exige o despertar das faculdades do Eu Superior e o treinamento da personalidade para seguir o comando da vontade. Educação autotransformadora engloba ambos. Estas coisas devem ser feitas em tenra idade.

O treinamento da personalidade engloba pequenos, mas repetidos atos de obediência aos ditames do Eu Superior. No tempo devido, a personalidade desenvolverá o hábito de reagir positivamente ao comando da mente superior. Quando isto é feito em uma idade jovem, enquanto a personalidade ainda é flexível, o treinamento não será difícil de ser levado a cabo. À medida que se envelhece, o hábito torna-se enrijecido e se torna mais difícil de modificar.

Compaixão. Compaixão é sensibilidade, e compreensão do sofrimento pelo qual os outros estão passando. Não é a perturbação passageira que sentimos em resposta a uma notícia a respeito de crianças morrendo de fome na Etiópia, ou à filmagem de corpos sem vida afogados por um *tsunami* numa aldeia desconhecida na Ásia. Compaixão é o senso que esta inanição e esses corpos poderiam ter sido nossos, que a dor que vemos poderia ter sido a nossa dor. É a estranha compreensão de que o sofrimento dos outros é também nosso. A compaixão não produz necessariamente tristeza pessoal, mas nos impele à ação para aliviar o sofrimento dos outros.

Quando os jovens não crescem sentindo-se vitimizados, oprimidos, infelizes ou na defensiva, não tendem a se tornar egoístas. Descobrem que ajudar os outros talvez seja a maior fonte de alegria e felicidade. Tornam-se cooperativos, solidários e compassivos.

Intuição. Esta é a faculdade de percepção que transcende nosso pensar, sentir e nossa sensibilidade. Não é percepção extrassensorial, embora a intuição possa atrair informação de tal fonte. Também não é um impulso emocional. Ela atua melhor quando se é calmo e desapegado. É a capacidade para ver a essência mais profunda das coisas ou situações, incluindo suas dimensões morais e existenciais, e fazendo um julgamento adequado. Albert Einstein, que atribuía suas teorias revolucionárias a respeito do Cosmos à intuição, escreveu: "A única coisa verdadeiramente valiosa é a intuição". A intuição é uma percepção transcendente, mas integradora das coisas. Uma situação complicada pode envolver fatores que sejam emocionais, econômicos, sociais, políticos, éticos, etc.; a intuição consegue penetrar uma massa de detalhes e discernir as questões essenciais para chegar a um julgamento maduro e sábio.

A meditação nos ajuda a desenvolver graus superiores de percepção, começando com nossos pensamentos e sentimentos, e indo mais longe em direção à nossa consciência intuitiva ou espiritual. Dedicaremos um capítulo sobre como ensinar meditação aos alunos.

Espiritualidade. A faculdade de intuição é a passagem para a espiritualidade. Espiritualidade não é religiosidade. Não é um sistema de crença. É um estado de ser que vê ou percebe com a faculdade de intuição espiritual. Ela vê o quadro mais amplo que está além das preocupações da vida terrena no dia a dia. Não é do outro mundo. Não é uma rejeição da vida mundana, mas um estado que engloba este mundo tangível e se estende além dele. Um termo comum equiparado à espiritualidade é misticismo. É um estado de consciência que pode ir além dos confins do eu.

8 Desenvolvimento da personalidade

O desenvolvimento da personalidade é a primeira fase de qualquer forma de educação. É o treinamento de hábitos físicos, emocionais ou mentais. Não começa no nascimento, mas enquanto o bebê ainda está no ventre.

Os pensamentos, sentimentos e as atividades da mãe afetam regularmente o ventre enquanto ela está grávida. Estudos têm mostrado, por exemplo, que mães que passam por extremo estresse durante a gravidez têm filhos com maior predisposição à esquizofrenia. Foi este o caso com mulheres que estavam grávidas em junho de 1967 na época da Guerra Árabe-Israelense dos Seis Dias (Paul, 2010, p. 35). O mesmo ocorreu com os filhos de mães que passaram por fome prolongada, como no caso da fome na China nos anos 19(60) e no Inverno de Fome holandês em 1944 (Paul, 2010, pp. 93-4). Catherine Monk, professora de psiquiatria da Universidade da Califórnia, afirma: "pesquisa recente indica que mesmo antes do nascimento, os humores das mulheres podem afetar o desenvolvimento da criança". (*Ibid.*, p. 90). Uma meta-análise[7] de 212 estudos diferentes sobre fatores que afetam a inteligência das pessoas mostra que vinte por cento é determinado pelo ambiente intrauterino. Howard Gardner, famoso por sua teoria da inteligência múltipla, escreveu: "compare-se uma criança que tenha uma dúzia de experiências saudáveis no útero a cada dia e após o nascimento, com outra criança que teve uma dieta diária de dúzias de episódios prejudiciais. A vantagem cumulativa de um ambiente pré-natal sadio e um ambiente pós-natal estimulante é enorme". (*Ibid.*, p. 90)

DESENVOLVIMENTO DA PERSONALIDADE

A personalidade da criança já está claramente formada pelo ambiente doméstico antes de ela ir para a escola. É por isso que a sábia paternidade é parte vital para estimular toda a personalidade e caráter de uma criança. Quando a criança entra para a escola, a tarefa dos professores não é apenas desenvolver traços sadios da personalidade, mas também reverter traços prejudiciais desenvolvidos no lar.

FORMAÇÃO E REMOÇÃO DE HÁBITOS

O desenvolvimento da personalidade é essencialmente a formação de hábitos — físicos, emocionais, mentais, sociais ou de atitude. Qualquer que seja a coisa com a qual uma pessoa se acostume torna-se um padrão de percepção, comportamento ou reação. Quando falamos de um menino como sendo respeitoso ou cortês, estamos falando de hábitos de interação com os outros. Quando ele é rude ou agressivo, estas coisas são hábitos. Quando ele se senta tranquilamente enquanto o professor está explicando algo, fica amuado quando recebe crítica, irrita-se quando alguém lhe importuna — estes são hábitos ou padrões de reação. O comportamento é geralmente inconsciente e automático. A criança não pensa a respeito. Simplesmente acontece.

A principal tarefa, portanto, tanto de pais quanto de professores, é a de ajudar as crianças a desenvolverem hábitos e padrões de reação que apoiarão eventuais valores e qualidades superiores. O respeito (não o medo), por exemplo, é uma característica salutar amplamente reconhecida. Portanto, o hábito de ser respeitoso é algo que vale a pena estimular no jovem. Pode ser tão simples quanto dizer "por favor" ou olhar para uma pessoa enquanto se ouve o que ela está falando.

O professor deve anotar hábitos prejudiciais que foram desenvolvidos na criança, tais como agressividade ou o uso de palavrões. Da mesma maneira como foram formados enquanto a criança crescia, é também possível extinguir esses hábitos por meios criteriosos.

O PODER DOS HÁBITOS

William James escreveu:

> Toda a nossa vida... é apenas um amontoado de hábitos — práticos, emocionais e intelectuais — sistematicamente organizados para o nosso bem ou mal, conduzindo-nos irresistivelmente ao nosso destino, qualquer que possa ele ser. (Duhigg, 2014)

Quando perguntaram a Warren Buffett, que já foi o homem mais rico do mundo, o segredo do seu sucesso, ele respondeu que não é uma questão de QI, mas de racionalidade. Muitas pessoas não conseguem alcançar o seu máximo rendimento, porque elas são seus piores inimigos devido a problemas de hábito, temperamento e caráter.

> As correntes do hábito são leves demais para ser sentidas até que se tornem pesadas demais para ser rompidas. Na minha idade, não consigo mudar nenhum dos meus hábitos. Estou preso. Mas daqui a vinte anos você terá os hábitos que você agora decidir pôr em prática. Por isso, sugiro que você observe o comportamento que admira nos outros e faça desses os seus próprios hábitos; considere o que você realmente acha repreensível nos outros e decida que essas coisas não são boas de se fazer. Se você fizer isto, verá que converte toda a sua força motriz em resultado. (Schlendedr, 1998).

Os hábitos são determinados neurologicamente. A princípio, são ações praticadas inconscientemente; depois se tornam padrões de reação inconscientes. Pesquisadores descobriram que essa lembrança e motivação subconsciente envolvem os gânglios basais, uma pequena parte em forma de bola de nosso cérebro que armazena o aprendizado passado e torna o comportamento automático. Quando os hábitos assumem, o cérebro torna-se passivo ou pode engajar-se em outras coisas, tais como falar enquanto o hábito cuida da condução das tarefas. Charles Duhigg, no seu *best-seller*, *O Poder do Hábito*[8], escreveu:

> Quando surge um hábito, o cérebro para totalmente de participar na tomada de decisões. Para de atuar tão arduamente, ou desvia o foco para outras tarefas. Assim, a não ser que você deliberadamente combata um hábito — a não ser que você des-

8 DUHIGG,Charles *O Poder do Hábito,* Rio de Janeiro: Editora Objetiva. (Nota Ed. Bras.)

> cubra novas rotinas — o padrão despontará automaticamente. (Duhigg, 2014)

O DESENVOLVIMENTO DA PERSONALIDADE

Esta é a chave para o esmagador poder do hábito. Logo que o hábito se tenha formado, a mente não mais oferece resistência. E mais, frequentemente identifica-se com o hábito, isto é, a pessoa pensa que gosta dele quando na realidade é o padrão neural que a impele a se comportar de uma determinada maneira. Este *insight* é conhecido desde os primórdios da psicologia. Aqui está o que William B. Carpenter afirmou no seu livro clássico *The Principles of Mental Physiology* (*Os Princípios da Fisiologia Mental*):

> É esse especialmente o caso quando a ideia habitual possui um caráter emotivo, e se torna a fonte de desejos; pois quanto mais frequentemente se cede a esses desejos, mais poderosa é a solicitação que exercem. E o Ego pode finalmente ser tão completamente subjugado por eles, a ponto de mal reter qualquer poder de resistência; sendo sua Vontade enfraquecida pelo hábito de ceder, enquanto o Desejo se fortalece pelo hábito de agir sobre ele. (Carpenter, 1875, p. 351)

Comportamentos agradáveis podem levar seu cérebro a liberar um produto químico chamado dopamina, que resulta num anelo para repetir a experiência.

O Dr. Russel Poldrack, um neurobiólogo da Universidade do Texas em Austin, Estados Unidos, explica por que é tão difícil pôr fim aos hábitos:

Se você faz algo repetidamente, e a dopamina está lá quando você está fazendo a coisa, ela fortalece o hábito cada vez mais. Quando você não está fazendo essas coisas, a dopamina cria o anelo para fazer novamente. Isto explica por que algumas pessoas anseiam por drogas, mesmo que a droga não mais as façam sentir-se particularmente bem depois de tomá-las. (National Institute of Health, 2012)

FORMAÇÃO DO HÁBITO

Imitação. Talvez a ferramenta mais poderosa para desenvolver hábitos nas crianças seja através de sua tendência instintiva para imitar. As crianças querem fazer o que os adultos fazem, especialmente se os adultos parecerem estar se divertindo. Elas copiam o modo como falamos. É como aprendem um idioma. Quando xingamos, elas aprendem a xingar. Elas copiam o nosso comportamento. Quando fumamos, elas também querem fumar. Quando usamos o telefone, elas fingem que também estão falando através de um telefone invisível. Quando nos veem digitando no computador, elas fingem digitar numa folha de papelão dobrado sobre a mesa. Quando nos veem lendo, pegam um livro e passam as folhas como se estivessem lendo.

Um fator importante, portanto, para a formação do hábito é o ambiente humano em casa e na escola. Palavras respeitosas como «por favor" e "obrigado" tornam-se automáticas nelas quando as ouvem continuamente. Quando não ouvem pais ou professores gritar, elas não adquirem tal modo de comunicação.

A escola precisa determinar que hábitos essenciais devem ser cultivados nas crianças. No Golden Link College encorajamos apertar a mão e dizer, «bom dia" ou "boa tarde". Quando os alunos estão para deixar a sala de aula para irem à cantina durante o intervalo, eles entram em fila em vez de correrem para a porta, bloqueando-a. Regularmente eles dispõem de tempo para ler livros. Quando estão aprendendo uma segunda língua, engajam-se rotineiramente em conversas nessa língua. Eles permanecem em silêncio interior durante cinco minutos duas vezes por semana. Esses são hábitos que estão sendo formados.

O sentimento de se sentir confortável com uma plateia é outro hábito que se desenvolve quando os alunos repetidamente falam perante os colegas de turma sem qualquer alarido.

Um princípio a ser seguido na formação do hábito é fazer algo regularmente durante três semanas ou algo assim. Quando nos tornamos adultos, notamos que quando repetimos algo diariamente durante uma semana, podemos sentir que o hábito já está se instalando. Quanto mais tempo fazemos isso de forma consistente, mais condicionado tornam-se o corpo e a personalidade. Então o corpo se sentirá confortável e continuando a fazê-lo sem qualquer resistência, e até mesmo buscará a repetição do comportamento.

Autocontrole. Isto se refere à habilidade de resistir a impulsos e reações instintivas ou retardar a gratificação de um desejo. Pesquisa tal como o famoso "teste *marshmallow*"[9] mostrou que as crianças que desenvolvem a vontade ou a força interior, para retardar a gratificação em troca de algo mais valioso no futuro, tornam-se posteriormente melhores realizadores na vida.

---

9 Teste do *marshmallow* foi criado no final dos anos 1960. Ele reunia uma série de experimentos de psicologia que tinha como objetivo avaliar a capacidade de crianças em abrir mão de um prazer imediato em troca de uma recompensa maior no futuro. (Nota da Ed. Bras.)

A sala de aula, portanto, deve tentar ter rotinas onde os alunos acostumem-se a fazer "trabalho árduo" ou mesmo desagradável, mas que terão um sentimento de realização quando estiver completado. Isso pode ser sob a forma de terminar algo que lhes faça sentir-se bem ou orgulhosos, ou posteriormente receberem *feedback* positivo do professor. Se acreditarem que melhoraram ou se tornaram mais habilidosos, então devem ser ajudados a entender que o esforço (ou "sacrifício") que fizeram valeu a pena.

Atenção Constante. Esta é a capacidade de focar num objeto ou atividade por um período de tempo mais ou menos prolongado. O oposto é o que é chamado de Transtorno de Déficit de Atenção (TDA) ou Transtorno de Déficit de Atenção e Hiperatividade (TDAH) — síndromes que estão sendo questionadas por alguns escritores como transtornos patológicos.

Bebês e crianças de colo olharão para algo durante um longo tempo, às vezes sem nem mesmo piscar. As crianças ficam geralmente absortas com seus brinquedos ou livros de gravuras durante uma hora sem se tornarem irrequietas. A educação Montessori demonstrou isso. Em outras palavras, as crianças não parecem ter problemas inatos de déficit de atenção. Se é que há alguma coisa, o oposto é verdadeiro. Elas não querem ser perturbadas por refeições ou tomar banho quando estão engajadas em algo que as absorva.

A inquietação e a assim chamada hiperatividade devem-se principalmente ao desequilíbrio de energia no sistema. A medicina oriental chama esta energia de *ch'i* ou *prāna*. Ela flui naturalmente 24 horas por dia sem ser notada. Quando, porém, é bloqueada ou impedida de fluir e ser liberada, ela começa a se acumular como água numa represa, e então a pressão interna se acumula. A liberação intermitente dessa energia é vista como inquietação. Isto não ocorre apenas com crianças. Como adultos, nós também sentimos isso.

Portanto, a chave para evitar a inquietação ou hiperatividade é um ambiente sábio onde se permita às crianças correr, pular e rir quando sentirem vontade. Observe-se que muitas crianças não andam com frequência. Elas correm aonde quer que vão. Elas até mesmo tendem a gritar e fazer barulho enquanto correm. Elas não fazem isso deliberadamente. É porque existe uma energia inconscientemente querendo fazer isso. Então os adultos muitas vezes as fazem parar e gritam "não corram!" Este é o início da supressão deste fluxo natural de energia, levando à inquietação e ao déficit de atenção. Deixe-se que as crianças sejam crianças. Apenas certifiquem-se de que as condições são seguras. Correr na grama e num terreno macio é melhor do que em pavimento de concreto. Sentar-se regularmente em silêncio, ou períodos de completa inatividade, equilibrarão estas tendências à atividade.

Um segundo elemento ao lidar com a inquietação é ensinar aos alunos como se tornarem perceptivos dela. No Golden Link, isto é feito através do que é chamado escaneamento, acompanhado de respiração abdominal. Pede-se às crianças para estarem perceptivas de se existe algum desconforto nas pernas, braços ou tronco. Pode ser rigidez, tensão ou desconforto. Então elas fazem a respiração profunda e conscientemente sentem o mal-estar quando estão inalando, e depois sentem as mãos e os pés quando estão exalando. Com a respiração e a percepção, a *ch'i* bloqueada começará a fluir naturalmente, e o impulso fisiológico de se mover cessará.

Associação Positiva. No desenvolvimento de hábitos, especialmente para crianças, o comportamento desejado deve preferivelmente estar associado a algo divertido ou positivo. É mais provável que as crianças imitem ou façam algo quando a coisa parece uma brincadeira. Isto envolve relacionamento entre o professor e as crianças. Quando os alunos temem o professor, então eles podem obedecer ao professor, mas com uma desagradável associação subconsciente. Quando os alunos gostam do professor, ficam ansiosos para cooperar, e a atividade é subconscientemente sentida como agradável ou positiva.

Quando se pede aos alunos para fazer algo difícil, que a coisa seja apresentada como um desafio positivo em vez de uma tarefa. Discuta os sentimentos positivos quando tiver sido realizado — o senso de realização, as habilidades aprendidas, o senso de capacidade aumentado, etc. Pode-se às vezes recompensar as crianças para dar início ao aprendizado de um comportamento desejável, mas não se deve recompensar continuamente, porque a criança começa a associar o hábito à recompensa.

Ao planejarmos todas as abordagens acima, precisamos lembrar que o propósito do desenvolvimento do hábito não é para a conveniência do professor (tornar a turma sossegada), e sim para o desenvolvimento de qualidades da personalidade que serão úteis às vidas das crianças.

9 Removendo as causas de disfunções da personalidade

As pessoas não conseguem buscar eficazmente a autorrealização, alcançar seu mais elevado potencial ou ser felizes se houver disfunções da personalidade, tais como medos, temperamentos descontrolados, depressão, baixa autoestima, comportamento agressivo e violento, mentalidade competitiva, preconceitos, ansiedade, etc. Esses traços negativos da personalidade são desenvolvidos no lar e na escola quando o ambiente não é sadio. Reciprocamente, o lar e a escola, quando sadios e construtivos, podem evitar o crescimento de tais transtornos.

A escola é capaz de transformar as personalidades das crianças e dos jovens de tal modo que seus destinos podem mudar para uma trajetória totalmente nova. Centenas de livros e milhares de histórias comprovam como professores e escolas mudaram as vidas de alunos. Infelizmente, o que lemos a respeito são exemplos excepcionais que constituem uma pequena percentagem das experiências dos estudantes. Na vasta maioria dos casos, o ambiente escolar contribui para a disfunção.

Helena cresceu sentindo-se rejeitada e não amada por seus pais. Ela frequentemente se sentia depressiva e muito infeliz. Depois de entrar no Golden Link College, ela disse aos outros que se tivesse uma oportunidade, mataria seus pais. Nos semestres que se seguiram, Helena aprendeu como estar perceptiva aos seus sentimentos, permitindo que os ressentimentos reprimidos fluíssem através das atividades de processamento que todos os alunos aprendem no Golden Link College. Logo a sua energia de ódio fluiu e desapareceu, independentemente de seus pais terem mudado ou não (em algum momento eles mudaram). Com o encorajamento de uma das turmas, ela decidiu dizer aos pais o quanto os amava. Antes de se formar, ela expressou o sentimento de que agora tinha uma família feliz.

Muitos jovens crescem odiando membros da família ou podem ter sido traumatizadas de outras maneiras. Às vezes desenvolvem fobias, temperamento violento ou tendências depressivas que prejudicam o desabrochar de seu pleno potencial, roubando-lhes a paz e a felicidade internas. Acredito ser função das escolas ajudarem os alunos a resolver tais conflitos e transtornos internos. Algumas pessoas podem dizer que não é função da escola curar os alunos de suas anomalias psicológicas. Isso é apenas uma verdade parcial.

São o ódio, a ira e o medo anomalias? A sociedade não os considera assim. Aliás, são considerados muito normais. Essas coisas, todavia, destroem famílias, carreiras, relacionamentos, paz interior e felicidade.

Eles não dizem respeito às escolas? Deveriam. Nós não mandamos pessoas iradas ao psiquiatra, embora pessoas iradas possam matar outras pessoas. Onde elas aprenderão a lidar com sua ira ou medo? Grande parte dos pais não consegue ajudar seus filhos porque eles mesmos são prisioneiros de tais hábitos emocionais.

A escola deve ser capaz de ajudar os alunos a diminuir, se não extinguir, tais emoções incapacitantes. Essas emoções podem ser classificadas assim:

- Susceptibilidade a ser emocionalmente ferido
- Medo, preocupação e ansiedade
- Irritação e ira
- Ressentimento e ódio
- Rejeição e depressão
- Culpa
- Aversão

Os sete fatores acima são as fontes de infelicidade humana e de conflito social. Eles são desenvolvidos no início da vida no ambiente doméstico. Depois, a maioria das escolas e dos círculos sociais os reforçam. A escola é o melhor ambiente que pode sistematicamente ajudar a dissipar esses fatores e substituí-los por qualidades positivas, tais como otimismo, positividade, amor, obsequiosidade, gratidão e alegria.

A habilidade para pôr fim a condicionamentos negativos é aprendida em dois estágios, ambos envolvem autopercepção. São chamados escaneamento e processamento emocional.

Escaneamento. O estresse origina-se da tensão crônica. A tensão é normal e necessária na vida, seja ao caminhar ou no enfrentamento de uma crise. Os músculos retesam em preparação para a ação ou reação. A tensão envolve o aumento de energia no corpo como resposta a uma ameaça. Deve dissipar-se após o perigo ter passado. Bebês de colo e crianças pequenas fazem isto naturalmente; elas choram ou se aborrecem, mas depois, voltam ao estado de normalidade e estão prontas para brincar e ser alegres novamente.

À medida que as crianças crescem, os ambientes doméstico e escolar obrigam-nas a suprimir seus sentimentos. Isso dá início ao acúmulo de estados internos angustiantes que mais tarde se manifestarão de várias maneiras prejudiciais à saúde.

O escaneamento é uma maneira natural de liberar a energia reprimida quando a pessoa se torna perceptiva da tensão e pratica a respiração abdominal profunda. Quando inspiramos, devemos estar conscientes do desconforto no corpo. Quando expiramos, devemos estar atentos ao restante do corpo, especialmente braços, mãos, pernas e pés. Ao se fazer isso várias vezes, o corpo se torna mais relaxado e a tensão se dissipa. Se existe peso no couro cabeludo ou em parte da cabeça, tende a desaparecer após vários ciclos de respiração.

Processamento Emocional. Quando a tensão é acompanhada de fortes emoções, tais como medo, ira, ressentimento, existe a tendência de suprimi-las por serem desagradáveis. Além disso, os adultos à nossa volta têm o hábito de nos mandar parar de sentir essas coisas — como se fosse algo que pudéssemos desligar facilmente. Quando estamos chorando, dizem-nos para não chorar. Quando estamos temerosos, dizem-nos para não termos medo. O modo como respondemos a tais proibições é suprimindo esses sentimentos e mostrando que estamos "bem", quando na verdade nada está bem conosco.

Essas energias suprimidas e não liberadas enterram-se no nosso subconsciente e se tornam "botões de pressão". São capazes de ser acionados por coisas ou memórias a elas associadas. Se eu fui traumatizado pela experiência de quase morrer afogado, então qualquer conversa a respeito de águas profundas pode acionar o trauma e me fazer sentir temeroso, mesmo que eu esteja distante de qualquer corrente d'água. Se tiver medo de algum professor particular, qualquer conversa a respeito dele despertará um sentimento de medo, mesmo que o professor não esteja por perto ou mesmo tenha morrido.

Esses padrões de reação condicionados são muito potentes porque podem fazer com que inconscientemente evitemos fazer algo que nos possa ser útil, tal como falar em público, oferecer nossa opinião num encontro, aceitar responsabilidade, etc. Eles podem nos impedir ou dificultar acolher as oportunidades para o crescimento. Podem também desencadear sentimentos inadequados de ira ou agressividade que podem produzir consequências indesejadas, tais como inimizade nos nossos relacionamentos com as pessoas. O medo, tal como o medo de alturas, pode nos impedir de fazer algo que possa salvar nossas vidas, tal como descer a escada externa de incêndio.

Existe uma maneira natural e eficaz de liberar estes botões de pressão emocionais até que deixem de ser fontes de aflição. Esta abordagem é parte do Seminário de Autotransformação que alguns associados e eu temos conduzido ao redor do mundo por mais de vinte anos. É chamado processamento da autopercepção ou processamento emocional. Libera a experiência aflitiva suprimida e inacabada até que as reações automáticas do botão de pressão quanto a uma memória, pessoa ou objeto dissipem-se e desapareçam permanentemente.

Por exemplo, pessoas que tinham fobia a cobras durante cinquenta anos conseguiram tocar numa cobra de verdade e até mesmo colocá-las em torno do pescoço após apenas trinta minutos de processamento do medo. Mulheres que tinham sido traumatizadas por abuso sexual durante a infância conseguiram lembrar o incidente sem aflição. Anteriormente choravam ou se sentiam deprimidas sempre que a lembrança voltava, acompanhada de peso no tórax ou pressão na cabeça. Este alívio é realizado não por supressão, distração, substituição ou remoção, mas reexperimentando profundamente a memória aflitiva com consciência, até que a energia conectada à memória se mova, flua e se dissipe naturalmente. A pessoa sente-se livre. "Sinto-me tão leve — como se um fardo tivesse sido retirado de mim". "Chega. Agora consigo pensar no incidente, e ele é apenas uma memória. Não mais me chateia". "Eu tinha um medo terrível de altura. Após processá-lo, escalei várias montanhas até agora". "Agora posso ficar de pé e falar na frente de muitas pessoas. Anteriormente isso me causava um grande medo".

ENSINANDO AUTOPERCEPÇÃO NAS ESCOLAS

A autopercepção deve ser parte integrante da educação total. Ela não apenas cura o condicionamento aflitivo, mas também evita a aquisição de novo condicionamento prejudicial. Os jovens tornam-se menos disfuncionais. Eles são capazes de positividade, alegria, otimismo e até mesmo assumir riscos. Também se tornam mais amorosos e expressivos na afeição para com os outros.

No Golden Link College estas lições são parte do currículo para o ensino médio e a faculdade. Elas são sistematicamente ensinadas durante um semestre. Os alunos trabalham as áreas de aflição em suas vidas, que, na maioria dos casos, são questões de relacionamento. Identificam seus medos, e os superam, um a um. Os alunos empreendem a autoavaliação regular de seus níveis de tensão, estresse, aflição, ira, etc.

Em um grupo de novos alunos do nível médio, dezesseis foram diagnosticados como tendo sintomas de depressão. Após o acampamento para jovens de quatro dias de duração, onde passaram pelo processamento de autopercepção, quinze deles se consideraram livres da depressão. Uma aluna posteriormente precisou de sessões de processamento. Finalmente, ela se sentiu livre da depressão. Mantemos um registro desses alunos durante toda a sua vida escolar no Golden Link.

Os professores precisam ser treinados em autopercepção e meditação para que saibam como lidar com as pressões da vida. Eles aprendem como não se exaltar quando os alunos estão barulhentos ou se comportando indevidamente, por exemplo. Eles aprendem como lidar com o estresse. Então, estarão mais preparados para ajudar os alunos a lidar com situações semelhantes.

10 Construção do caráter

O desenvolvimento do caráter difere do desenvolvimento da personalidade. O desenvolvimento da personalidade ocorre principalmente através da formação de hábito, educação familiar e condicionamento social e cultural. É a montagem do triângulo inferior ou do eu externo.

A construção do caráter, por outro lado, vem da compreensão e integração de valores essenciais, incluindo o despertar da compaixão. É o reconhecimento do que é certo e do que não o é. Envolve o triângulo superior ou o eu interno. Este nível de percepção é impessoal, objetivo e altruísta. Frequentemente entra em conflito com as preferências da personalidade, resultando num cabo de guerra entre a vontade interna e os desejos.

Após certa idade, os jovens conseguem reconhecer que certos princípios e verdades são válidos independentemente de suas preferências pessoais. Isto se deve ao crescimento da mente superior que pode perceber conceitos abstratos, impessoais. Daí surge o que é comumente chamado de senso moral, que consegue ver o que é certo ou errado além dos padrões ético-culturais. Uma determinada prática ou costume pode ser legal e moral numa sociedade particular, mas antiética a partir de um ponto de vista mais profundo. Essas faculdades superiores de percepção não são moldadas pela criação ou condicionamento social.

Alguns dos valores de caráter são os seguintes:

- Honestidade
- Integridade
- Equidade
- Gentileza
- Compaixão
- Respeito
- Modéstia
- Apreciação
- Gratidão
- Perspectiva
- Amor
- Senso moral

DESPERTANDO VALORES INTERNOS

O professor de valores e caráter precisará planejar o assunto segundo a idade ou série apropriada. As lições podem consistir de qualquer um dos seguintes tópicos:

A. Histórias
B. Canções
C. Anedotas
D. Interpretação de um papel
E. Explicações
F. Discussões

Ao descrever o comportamento ligado à virtude ou hábito, é útil ser específico dando exemplos concretos. Cada uma das virtudes ou qualidades listadas acima pode ser abordada em uma ou mais sessões. Os mesmos tópicos podem ser repetidos numa série superior. Tal repetição tem um efeito reforçador.

Seguem abaixo exemplos de como os valores podem ser abordados com os alunos.

INTEGRIDADE E HONESTIDADE

Tornar teus filhos capazes
de serem honestos é *o início da educação.*
John Ruskin

Integridade é a qualidade de ser moralmente correto e honesto. É também ser internamente consistente — viver segundo o que se afirma ser. A integridade é uma qualidade de que dá origem à harmonia interior. Quando não há fingimento ou decepção, então existe equanimidade. Os seres humanos mais admirados na história são invariavelmente pessoas que demonstraram elevada integridade, tais como Lincoln, Gandhi e Buda.

Num ambiente que pune os erros, as crianças têm de aprender a mentir e a esconder seus erros. Tais práticas tornam-se habituais e resultam em traços de personalidade que mostram falsidade e duplicidade. Esses traços dão origem à desconfiança em outras pessoas, resultando em ineficácia de longo prazo na vida pessoal.

No lar e na escola, a melhor maneira de lidar com o comportamento impróprio é explicar à criança por que o ato não foi útil e apropriado. Em certos casos, o aluno pode ter de enfrentar consequências, tais como pagar pelo brinquedo quebrado de outra criança.

Numa turma, uma menina estava chorando porque vários meninos a importunavam. Contaram a uma professora o que se passava, e ela foi até a sala de aula. Ela perguntou quem fizera a menina chorar. Quatro alunos se levantaram. Ela perguntou o que aconteceu e, depois de ouvir os fatos, explicou por que é preciso ser cuidadoso sobre importunar os outros, porque isto pode magoar. Os quatro meninos dirigiram-se à menina e pediram desculpas. A menina aceitou. Eles apertaram-se as mãos. Os meninos também se desculparam com a professora e prometeram não mais importunar os outros. A professora elogiou-os pela honestidade e coragem. Assim, em vez de receber uma reprimenda e castigo, eles se sentiram valorizados.

Lições e atividades

1. Examine com os alunos situações onde eles se sintam compelidos a mentir. Considere as possibilidades de dizer a verdade, como fazê-lo, as prováveis consequências e depois os convide para considerarem sua vontade de enfrentar as consequências. Qual é o sentimento de uma pessoa que consegue corajosamente dizer a verdade?

2. Após as atividades, sugira aos alunos que tentem dizer a verdade em casa e aceitem as consequências, quaisquer que sejam. Depois, se eles estiverem dispostos, deixe-os relatar estes atos de coragem moral na classe.

3. Ensine-os como serem assertivos, isto é, falarem sem ser tímidos ou agressivos. Eles podem então dizer a verdade sem ofender ou magoar os outros. Um elemento essencial na afirmação assertiva é relatar as coisas sem julgar, acusar, condenar ou culpar os outros. Quando eu digo que, “por que você me magoou?”, implica que você teve a intenção de me magoar ou

que foi sua culpa. Mas quando digo, "eu me senti magoado com o que você disse ontem", não estou colocando a responsabilidade sobre você. Pode ser devido à minha supersensibilidade ou incompreensão. Estou apenas afirmando que me senti magoado, sem acusar você de qualquer comportamento errado. Desta maneira, podemos ser honestos com a outra pessoa a respeito dos nossos sentimentos sem piorar a situação. Esta é a melhor maneira de honestamente resolver conflitos e mal-entendidos interpessoais.

EQUIDADE

Certa manhã, Teresa, uma menina do jardim de infância, estava brincando com uma caixa de brinquedos. Uma coleguinha de turma, Felícia, viu a caixinha e tentou arrancá-la de sua mão. A primeira garota recusou e resistiu, certamente. A segunda menina não queria abrir mão da caixa e continuou a segurá-la enquanto a outra puxava do lado contrário. Teresa chorou.

Esta é uma oportunidade de ouro para o professor explicar a importância da equidade para as crianças. Neste caso, a professora aproximou-se das duas meninas, e depois de tomar conhecimento das circunstâncias, perguntou a Felícia, "se você estivesse brincando com seus brinquedos, acharia certo que eu os arrancasse de você?" A princípio a criança não respondeu, mas quando a professora perguntou novamente, ela lentamente sacudiu a cabeça negativamente. Então a professora disse, "pois é, Teresa também não gosta que você arranque os brinquedos com os quais ela está brincando". Depois de um momento, a professora disse, "você gosta de brincar com os brinquedos que estão na caixa, não gosta?" Felícia fez que sim com a cabeça. A professora disse, "então por que não pergunta a Teresa se ela pode compartilhar com você alguns dos brinquedos da caixa?"; virando-se para a primeira garota, a professora disse, "Teresa, já que há muitos brinquedos na caixa, você concordaria em repartir alguns deles com Felícia?" Teresa olhou para a professora e lentamente fez que sim com a cabeça. "Certo. Felícia, por que você não pede a Teresa? "

"Teresa", disse Felícia, delicadamente, posso brincar com seus brinquedos também?" Então, Teresa lentamente estendeu a caixa para Felícia, que pegou alguns brinquedos da caixa. "O que você diz a ela, Felícia?" "Obrigada, Teresa". "De nada", disse Teresa.

"Sim, esta é a maneira de compartilhar brinquedos. Nós conversamos com os outros, mas não arrancamos. Quando há apenas um brinquedo, esperamos até que a outra pessoa termine de brincar".

Nesse simples conflito, ambas as crianças aprenderam que existe uma maneira alternativa de lidar com os conflitos além de agarrar e brigar.

A parcialidade é o resultado de preconceitos na personalidade que superam os ditames da razão objetiva. Nós gostaríamos que nossa filha vencesse um concurso, independentemente de ela ser a melhor ou não. Frequentemente tendemos a querer uma parte maior do bolo do que os outros.

A injustiça cria ressentimento, e esse ressentimento apenas acrescentará infelicidade a todos os envolvidos. No longo prazo, ela cria conflitos nos relacionamentos humanos. Equidade é a firme decisão de ser justo, mesmo que se tenha de perder certas vantagens.

Lições e atividades

O professor pode encenar diferentes cenários onde os alunos sejam alternadamente perpetradores ou vítimas de injustiça ou iniquidade. Daí segue-se a discussão a respeito de como elas se sentem como vítimas.

GENTILEZA E COMPAIXÃO

Gentileza e compaixão são qualidades que se referem à nossa atitude para com os outros, sejam pessoas, animais ou plantas. Elas constituem uma predisposição para agir de maneira que contribuirão para o bem-estar dos outros (felicidade, conforto, segurança, etc.), assim como para o alívio de seu sofrimento.

Gentileza refere-se a atos que tendem a ser amistosos, generosos, sensíveis ou ponderados. A compaixão é mais abrangente. Uma preocupação para com o sofrimento dos outros e o desejo de ajudar a aliviá-lo. Está relacionada à ideia de amor, mas este último será tratado separadamente como uma virtude.

Gentileza e compaixão podem ser estimuladas de várias maneiras, tais como:

a) Discussão a respeito da dor e sofrimento dos outros, e o efeito de atos insensíveis para com os outros. O professor pode resumidamente dizer a um aluno que sua redação não está boa, sem mais explicações. O aluno pode sentir-se desencorajado, pensando ser incapaz de escrever bem, e perder a motivação para melhorar. O professor pode ter estado muito ocupado para explicar que o que quis dizer é que havia áreas que precisavam melhorar, mas que havia pontos positivos na redação. Gentileza, neste caso, significa sensibilidade para com os sentimentos dos outros e um esforço para usar palavras gentis e oferecer explicações que evitarão mágoas desnecessárias.

b) Assistir vídeos de outras pessoas sofrendo, inclusive animais, e discuti-los. Vídeos esses que podem ser sobre pobreza, incapacidade, dor, depressão, medo, doença, solidão, etc.

c) Visitar lares de pessoas pobres, incapazes, idosos e doentes, e dar aos alunos a oportunidade de serem úteis. Para alguns alunos, essas visitas podem causar impressões indeléveis, que afetarão todo o rumo de suas vidas.

d) Discussão sobre os ensinamentos perenes a respeito de gentileza e compaixão, citando grandes instrutores e sábios do passado.

LEALDADE

Lealdade é um firme comprometimento para com o bem-estar de uma pessoa, grupo, instituição ou comunidade, em termos de apoio, defesa ou proteção. Refere-se também a um elo de confiança entre indivíduos onde um não fará nada que possa prejudicar o outro.

Lealdade a uma grande unidade social (instituição, país, religião, organização) requer ser responsável na realização dos próprios deveres. Isto inclui patriotismo, cidadania responsável ou responsabilidade global.

Os debates em sala de aula devem também incluir o fato de que atos de lealdade não devem ser à custa do que é certo. O comprometimento para com amigos não significa que, se eles estão fazendo algo que não seja ético ou legal, ainda assim alguém os apoia ou defende. Não significa também defender políticas erradas ou crenças na organização a que se pertence.

A lealdade (quando unida à confiança) é uma qualidade importante nos relacionamentos humanos.

Lembremos aqui a famosa história de Damon e Pythias, seguidores do filósofo Pitágoras.

Pythias criticou o tirano Dionísio I, pelo que foi preso e condenado à morte. Pythias aceitou o castigo, mas pediu para que se lhe permitisse ir até sua casa ver sua família para resolver alguns assuntos. Certamente que lhe foi negado, já que Dionísio supunha que Pythias fugiria e não retornaria. Seu amigo Damon, no entanto, ofereceu-se como garantia para o retorno de Pythias. Dionísio estipulou que se Pythias não retornasse, Damom seria executado em seu lugar.

No dia da execução, Dionísio estava certo de que Pythias não retornaria. Porém, Pythias chegou a tempo de salvar Damon, explicando que tinha demorado porque o navio que pegara fora capturado por piratas e ele teve de nadar até a praia.

Dionísio ficou tão impressionado com a amizade entre os dois homens que não apenas os perdoou, e lhes perguntou se poderiam ser seu amigo.

Esta história nos fala a respeito de confiança, lealdade e fidelidade.

Em sala de aula, o professor pode discutir a importância de se ter a confiança dos amigos, e considerar várias circunstâncias nas quais essas qualidades são postas à prova.

RESPEITO

O respeito é uma atitude ou reconhecimento externo que afirma o valor, a importância ou dignidade de outra pessoa, contribuindo para a autoestima entre ambas. O oposto, desrespeito, cria um senso de indignidade nas outras pessoas, resultando em sentir-se magoado, ofendido, rejeitado ou desanimado. O respeito, então, é uma qualidade de gentileza e sensibilidade para com os outros.

Os alunos podem aprender sobre o respeito participando de uma encenação onde alguém é o destinatário de um comportamento respeitoso ou desrespeitoso por parte dos outros. Esses cenários podem incluir não apenas palavras, mas gestos físicos, tom de voz, linguagem corporal, etc.

APRECIAÇÃO

Apreciação é o reconhecimento das boas qualidades dos outros. Tem um sentido mais amplo de ser um apreciador das coisas em geral, seja da Natureza, arte, de um livro ou da própria vida.

A afeição nos relacionamentos é um atributo precioso. Serve não apenas como um bálsamo tranquilizante nos nossos relacionamentos, como também ajuda os outros em sua autoestima, crescimento e felicidade. Pode ser transmitido de várias maneiras:

a) Expressando, diretamente, admiração por algumas qualidades ou talentos de uma pessoa, ou gratidão pelo que ela fez.

b) Contando a outras pessoas sobre a afeição de alguém por outra pessoa. Isto pode ter resultados inesperados. Quando eu estava crescendo, meu pai jamais expressou sua apreciação pelas coisas que eu fazia ou dos meus talentos. Eu cresci sentindo que ele não se preocupava comigo, e nós desenvolvemos uma grande lacuna no nosso relacionamento. Certo dia, um amigo seu contou-me as coisas positivas que meu pai lhe dizia a meu respeito. Esta foi uma grande surpresa. Daí em diante, a minha indiferença e o ressentimento para com ele desapareceram. Foi um momento decisivo em nosso relacionamento.

c) Dando presentes úteis, como comprar um conjunto de tintas a óleo para alguém que demonstre talento artístico. Ou um livro de música para alguém que está buscando aprender a tocar violão.

d) Abraçando, ou através de outras formas de expressões físicas, devido ao apreço que se tem pela outra pessoa.

A apreciação, para ser verdadeiramente útil, deve ser genuína e sincera. O elogio exagerado ou a apreciação afetada será reconhecido como tal, e uma sincera apreciação pessoal no futuro tenderá a não ser mais acreditada.

O significado mais amplo de apreciação tem uma qualidade um tanto diferente quando comparada à apreciação de um ser humano. Alguém, por exemplo, pode apreciar pequenas coisas do dia a dia, tais como uma flor ou uma folha ou o pôr do sol. É uma capacidade de reverência, admiração, alegria e gratidão.

Atividades:

Uma turma pode ter muitas atividades possíveis que proporcionem oportunidades para apreciar e se sentir apreciada. Por exemplo, nos níveis médio e superior, pede-se aos alunos do Golden Link para aceitarem o desafio "eu te amo", que equivale a dizer "eu te amo" para os seus pais, algo que não é fácil de fazer, porque não faz parte da cultura de muitas famílias filipinas.

Aqui estão outras coisas que os estudantes podem fazer:

1. Listar todas as coisas pelas quais são gratos na vida, depois sentar-se em silêncio agradecendo mentalmente por cada uma delas.
2. Apertar as mãos, ou abraçar cinco ou seis colegas e mencionar uma qualidade que eles apreciam no outro e que jamais mencionaram antes.
3. Silenciosamente mostrar apreço pelo pai ou mãe ajudando com a tarefa que ele ou ela geralmente faz sozinho — e depois relatar para a turma como foi aquele gesto silencioso.
4. Anonimamente presentear alguém e depois observar qual o sentimento quando a pessoa (que presenteou) não demonstra reconhecimento ou agradecimento.
5. Sentar-se junto à Natureza observando a beleza de uma árvore ou flor, etc.

PERSPECTIVA E SABEDORIA

Perspectiva é ser capaz de ver as coisas na devida proporção. Coisas importantes são vistas como importantes, enquanto coisas não essenciais são reconhecidas como não essenciais. Esta é a base da sabedoria.

Muitos alunos reconhecem com sinceridade que a coisa mais importante para eles é conseguir terminar os estudos. Contudo, frequentemente, deixam que amigos os afastem das aulas, e param de focar nos estudos. Quando o magnetismo de grupo é forte, eles perdem a perspectiva e esquecem as prioridades.

Aqui estão duas facetas da sabedoria:

1. A habilidade para discernir, claramente, e em todas as circunstâncias, a relativa importância das coisas.
2. A capacidade para traduzir em comportamento os ditames de tais percepções.

Atividades de sala de aula:

- Peça aos alunos para anotar as coisas que são verdadeiramente importantes para eles, sejam elas as pessoas, metas, os princípios ou a qualidade de caráter. Depois deixe que anotem o verdadeiro passo que planejam dar para atingir ou realizar esses objetivos. O plano de ação deve ter um cronograma.

AMOR

Amor é uma preocupação genuína para com o bem-estar dos outros. Afinal é um senso de unidade com eles. O amor frequentemente se irradia de forma espontânea no interior das pessoas sempre que não há impedimentos.

Faz bem expressar apreciação ou amor. A sociedade, porém, tem uma maneira de fazer as pessoas sentirem-se desconfortáveis ao expressarem ou receberem amor. Muitos pais acham mais fácil reclamar ou criticar seus filhos do que fazer comentários apreciativos ou expressar ternura.

Sentir-se amado é muito reconfortante. Faz a pessoa desabrochar como uma flor. Ela se sente em casa neste mundo e na vida. É a fonte de conforto e consolo durante os momentos difíceis.

Umas poucas questões devem ser reconhecidas a respeito do amor:

a) O amor deve ser expresso. Isto pode ser feito de muitas maneiras. As mais comuns são através da afirmação verbal, de ouvir genuinamente e passar bons momentos juntos. Estas coisas são exploradas no capítulo "Amor", no livro *O Processo de Autotransformação*[10].

b) O Dr. Gary Chapman escreveu um bem conhecido livro intitulado *As Cinco Linguagens do Amor*[11]. Ele oferece percepções profundas sobre o motivo de haver mal-entendidos quando se trata de expressar ou receber amor. Um pai pode amar sua família trabalhando duro para ela, mas a família pode não se sentir amada, porque só consegue entender outra linguagem do amor, tal como o tempo agradável passado juntos. As cinco linguagens, segundo ele, são:

- Declarações de afirmação
- Tempo agradável passado juntos
- Toque
- Atos de serviço
- Doação de presentes

c) Existem obstáculos à capacidade de amar os outros. Aqui estão algumas delas:

10 HAO CHIN JR, Vicente *O Processo da Autotransformação,* Brasília: Ed. Teosófica, 2019. (Nota Ed. Bras.)

11 CHAPMAN, Dr. Gary *As Cinco Linguagens do Amor,* Ed. Mundo Cristão. (Nota Ed. Bras.)

- Egoísmo
- Ira
- Insensibilidade
- Estresse

Devemos estar conscientes destas coisas em nós mesmos para que não sejamos inconscientemente impedidos de amar.

d) Amar alguém não significa consentir com qualquer coisa que a outra pessoa deseje. Por exemplo, os pais devem ser firmes ao dizerem "não" aos filhos que estão querendo coisas que sejam exorbitantes. Amor e firmeza são os dois mais importantes fatores que podem produzir desenvolvimento sadio num jovem.

Lições e Atividades:

Aqui estão alguns exemplos de atividades em sala de aula que ajudarão a estimular uma natureza amorosa:

a) Exercícios de escuta genuínos

b) Expressando amor através de uma carta dirigida aos pais, à irmã, professora, etc. Pode começar com um cartão (de aniversário, Dia das Mães, etc.) acompanhado de um bilhete de afeição e de amor.

c) Sessões de *feedback* positivo uns com os outros.

d) Compreender as linguagens do amor para com os membros da família e experimentar abordagens para expressar amor por eles.

SENSO MORAL

Frequentemente, as pessoas, de forma profunda dentro de si mesmas, conseguem reconhecer o que é certo e o que é errado, isso independe de religião ou orientações culturais. Esta é a razão pelas quais as pessoas podem discordar fortemente dos éditos morais no Velho Testamento, por exemplo, quando tais mandamentos violam o senso de retidão moral.

Os indivíduos precisam reconhecer e honrar este senso interno porque à medida que as crianças crescem, elas são expostas a várias práticas sociais e princípios religiosos que podem ser considerados imorais, mas que após uma investigação mais profunda poderão não ser desta maneira. Por medo de censura social ou familiar, as mentes jovens podem decidir apenas aceitar ou permanecer silenciosas a respeito de tais padrões. O senso moral interno é sufocado ou suprimido, e não mais assegura seus *insights* e autoridade. Como resultado, as crianças desenvolvem uma mente fragmentada onde algumas partes abrigam visões e padrões com os quais a outra parte pode discordar.

Os padrões morais vêm principalmente de três fontes:

1. O ambiente social: isto inclui os pais, os mais velhos, a escola, o governo, a mídia, etc.

2. Religião: esta é uma fonte particularmente dominante de visões morais. São em geral baseadas em afirmações de escrituras ou líderes religiosos, e muitas vezes serão consideradas verdadeiras sem questionamentos.

3. Senso moral: este é o senso interno que avalia se uma ação, pensamento ou atitude é certo ou não, é ético ou não. É o que às vezes chamamos de nossa intuição moral.

Lições e atividades:

1. O professor pode preparar uma lista das visões e práticas morais na sociedade que sejam controversas, tais como os mandamentos do Velho Testamento de que aqueles que recolhem gravetos no sábado devem ser apedrejados até a morte. Deixe-se que os alunos discutam se uma lei assim é algo que eles reconheceriam como moral. O professor deve ser cuidadoso para não discutir a partir de um ponto de vista sectário, e sim do que os alunos podem pensar ser ético ou não.

2. Pode-se pedir aos alunos para pesquisarem a respeito de questões morais e mesmo conduzir discussões ou debates.

3. Eles podem ser encorajados a escrever trabalhos ou redações sobre tais assuntos.

11 A cultura da escola

A cultura de qualquer grupo social refere-se aos comportamentos, costumes, práticas, crenças, atitudes, relacionamentos e expectativas desse grupo. É um ambiente onde seus membros subconscientemente absorvem muitas dessas coisas. A qualidade da cultura frequentemente determinará os traços, hábitos e padrões de reação desenvolvidos entre os membros. Da mesma maneira que a sociedade em geral molda nossas visões e atitudes com relação à vida, a escola, igualmente, é uma comunidade menor que faz a mesma coisa. O mesmo se aplica à cultura doméstica. O lar é uma versão microcósmica da sociedade. Se o ambiente doméstico for opressivo, repreensor, ou amedrontador, as crianças crescem na defensiva, infelizes e inseguras. Essas características serão levadas para a idade adulta.

Não podemos controlar o que acontece no lar ou na sociedade, mas a escola pode criar um ambiente e uma cultura que favorecerão uma pessoa saudável. Crianças e jovens frequentam a escola durante cinco dias da semana, e cerca de sete horas por dia. Isso é potencialmente até mesmo mais influenciador do que o lar ou a sociedade. Essa é a razão por que a escola é tão poderosa na moldagem dos adultos da próxima geração.

Numa escola, a cultura é parte tanto do currículo quanto dos temas de sala de aula. Por esta razão, a escola deve deliberadamente criar sua cultura — um ambiente que inclua a todos, quer sejam administradores, professores, o pessoal da cantina ou o pessoal da manutenção.

Uma escola com uma cultura que seja coercitiva, isto é, que use castigo para reforçar a disciplina, provocará nos estudantes uma atitude de medo, cautela, evasão e de mentiras. Isto se tornará parte da visão de mundo dos alunos, tornando-os subconscientemente ansiosos sobre cometer erros e serem repreendidos ou criticados. Isto será levado para a vida adulta, tornando a pessoa temerosa de assumir riscos ou de fazer algo diferente ou criativo.

Uma escola que tenha avaliações e competições desenvolverá nos alunos a ideia de que ganhar e receber prêmios são medidas decisivas de sua competência e realização. Eles subconscientemente criam uma visão de mundo de que a vida é a respeito de reconhecimento, recompensas e comparar-se aos outros. Este é um ingrediente de infelicidade, além do fato de que tal filosofia de vida lança os jovens em competições insanas e imprudentes.

Seguem abaixo alguns elementos de uma cultura escolar sadia.

AMOR E FIRMEZA

Uma atmosfera amorosa e carinhosa é uma qualidade fundamental de uma cultura escolar sadia. Sorrisos no rosto e agradáveis cumprimentos diários manifestam isso. Onde a cultura permite pode ser transmitido através de apertos de mão, tapinhas nas costas, e até mesmo abraços.

Quando as crianças pequenas entram pelos portões da escola, que tipo de recepção elas têm? Esta, para elas, é a atmosfera do campus. Quando os adultos são indiferentes ou frios, as crianças ficarão incertas sobre como se comportar. Haverá um sentimento de insegurança. Quando a recepção é dura, disciplinadora ou mesmo hostil, então elas desenvolverão uma atitude de guarda, defensiva ou temerosa. Em tal caso, a cultura escolar será infeliz. Quando, por outro lado, os cumprimentos diários são agradáveis e carinhosos, então as crianças se sentirão livres e naturais, até mesmo felizes. Esses rituais diários podem fazer uma diferença significativa no processo de crescimento da criança. A capacidade para ser feliz, ou a falta desta, pode ser moldada desta maneira.

Na sala de aula é a mesma coisa. Quando o professor entra com um semblante carrancudo, os alunos ficam na defensiva, sem saberem como o professor agirá ou os tratará. Quando o professor entra com um sorriso agradável e cumprimentando, os alunos sentem-se "seguros" e confortáveis.

Será que os alunos não abusarão? Será que os alunos não reconhecerão os professores e ignorarão as regras de sala de aula? Esta é a preocupação de muitos professores.

Aqui é onde o domínio e a liderança em sala de aula tornam-se fundamentais. Ser afetuoso não significa ser permissivo. Um professor atencioso deve ser firme quando se trata das regras básicas da escola, dentro e fora da sala de aula. Amor e firmeza não são incompatíveis. São dois ingredientes inseparáveis da paternidade e do ensino eficazes. Quando existe amor, mas não existe firmeza, os alunos tenderão a abusar da gentileza do professor. Quando existe rigidez, mas não existe amor, as crianças ficarão nervosas, inseguras e um dia até mesmo se rebelarão contra pais, professores e a própria escola.

Esta qualidade de ser afetuoso, porém firme, depende muito da personalidade e da maturidade do professor. Essa característica pode ser cultivada quando o professor é jovem ao lançar as bases da autoestima e da autoconfiança saudáveis. Frequentemente a falta dessas coisas está na raiz da ineficácia da liderança em sala de aula. O professor entra na sala de aula com um senso de incerteza e insegurança, sem confiar que os alunos lhe respeitarão ou obedecerão. Os alunos podem sentir isso, e se comportarão ou responderão de acordo.

A autopercepção dos professores e a qualidade de seu relacionamento com os alunos determinarão a eficácia da liderança dos professores em sala de aula.

Quando um aluno está conversando com um colega enquanto o professor está explicando algo, a resposta do professor estabelecerá o seu relacionamento com os alunos e com a turma. Por exemplo, ele pode fazer uma pausa e olhar sem raiva para o aluno que está conversando. A mensagem é: eu não estou me sentindo confortável ensinando alguma coisa enquanto os alunos estão conversando, mas esperarei um pouco até vocês terminem a conversa antes de eu continuar. Observe que isto tem dois componentes: autopercepção e relacionamento. O professor cuida do seu desconforto e transmite o desconforto de maneira não agressiva e não ameaçadora. Os alunos tornam-se perceptivos desta regra básica, seja ela explicitamente expressa ou não.

O aluno conversador certamente irá parar de conversar, consciente de que foi sua a causa de o professor interromper o que estava ensinando. O professor não deve mostrar raiva e nem atitude punitiva. Quando há raiva, a reação do estudante pode ser um sentimento de vergonha, constrangimento, medo, atitude defensiva ou mesmo ressentimento. Quando não existe nada disso, a resposta tenderá a ser respeitosa — respeitando os sentimentos do professor. Esta atitude sutil estabelecerá a qualidade do relacionamento entre o professor e os alunos.

Para crianças pequenas, o comportamento em sala de aula consiste de um conjunto de comportamentos que têm sido deliberadamente desenvolvidos pelo professor por meio de treinamento e repetição. Elas simplesmente cumprirão essas regras inconscientemente sem qualquer discussão, tais como se colocar em fila, sentar-se sossegadas ou levantar as mãos quando quiserem dizer alguma coisa.

POSITIVIDADE E AMIZADE

Existem múltiplas maneiras de expressar uma atitude amorosa — expressão facial, cumprimentos, tom de voz e linguagem que transmitam compreensão, paciência, compaixão e gentileza.

Alguns professores já desenvolveram estas coisas desde a juventude, mas alguns não desenvolveram e precisam cultivá-las como hábitos. A escola deve, portanto, criar um programa de treinamento sobre estas coisas. Isso ajuda os professores não apenas em seus papéis profissionais, mas em suas vidas pessoais.

Lidar com crianças e adolescentes é um tanto diferente de lidar com adultos. Crianças e adolescentes, automaticamente, avaliam as pessoas que encontram segundo a linguagem corporal externa e como reagem subconscientemente. Crianças de colo costumam olhar nos rostos durante um longo tempo para verem se estão em segurança ou não. Um sorriso faz com que se sintam mais seguras e confortáveis, enquanto um olhar duro ou frio, ou uma voz demasiadamente alta as põe em guarda. A escola deve ser um local onde a pessoa possa se sentir psicologicamente segura.

AUSÊNCIA DE MEDO

A escola precisa educar os alunos para serem livres do medo enquanto mantêm a prudência, o respeito e o bom senso nas abordagens ao lidar bem com circunstâncias ameaçadoras. O medo é irracional e ele torna as pessoas menos eficazes na vida. Cria barreiras a um crescimento saudável.

Muitas escolas são canteiros de medo devido a regras e políticas punitivas, e diretores e professores severos ou amedrontadores. A escola deve ser acolhedora e reformativa, não punitiva.

Há uma diferença entre punir e enfrentar as consequências. O castigo é uma penalidade que tem por objetivo fazer os estudantes sofrerem ou sentirem dor para que não repitam a mesma ofensa no desejo de evitar a mesma dor. Colocar um aluno de pé na frente da turma ou de frente para a parede, por exemplo, produz humilhação. Chicotear um aluno produz dor e o sentimento de vergonha. No momento em que os alunos não têm mais medo da dor ou do sofrimento, então eles ostentarão atos de desobediência, que posteriormente enfraquecerão a liderança do professor ou dos mais velhos.

Eu tive um colega de turma que se tornou imune aos repetidos castigos e que deliberadamente violava uma regra para irritar o professor. Quando era punido, rapidamente aceitava a punição com um sorriso sarcástico. A turma observava o drama com um sorriso reprimido, e meu colega tornou-se um tipo de herói para eles, enquanto o professor se tornou motivo de risadas.

O castigo causa novos problemas. Onde a dor é psicológica, como no caso da humilhação, diminui a autoestima do aluno e pode causar ressentimento e rebeldia. Neste último caso, o aluno pode mesmo sub-repticiamente cometer a mesma violação apenas para afrontar o sistema. Em tais casos os alunos não entendem por que a regra é válida ou deva ser observada.

Quando os alunos temem os professores, existe um problema na cultura escolar. Pensemos num filho que tenha medo do pai. O filho evitará o pai e pode começar a odiá-lo. Quando o aluno tem medo do professor, o efeito é semelhante. Os professores devem ser respeitados, não temidos. Quando há amor, não há medo. O estudante que se sente amado por um professor fará esforços para evitar desapontá-lo ou torná-lo infeliz a respeito de alguma coisa. Esta é a base da autoridade sadia, não o autoritarismo baseado no medo. Gritos, palavras ou comportamentos ameaçadores evocam medo nos alunos. A explicação compassiva de por que uma conduta específica é prejudicial suscitará cooperação e apreciação.

Há momentos em que alguns alunos parecem insensíveis às explicações gentis. Encontramos alguns deles entre os novos alunos do nível médio. Como lidamos com eles? Desde que não prejudiquem os outros, então a escola precisa ser paciente com esses alunos. A razão mais provável é que eles se acostumaram tanto com as constantes críticas e repreensões que ficaram surdos aos *feedbacks* e às sugestões dos mais velhos. Mude-se a abordagem: reconheça-os e os aprecie por qualquer pequena coisa que façam. Finja-se que não se vê as transgressões menores, por enquanto (mas não as maiores). Com o tempo, a pessoa endurecida se comoverá, e uma mudança acontecerá. Isto é inevitável porque assim é a natureza humana: ficamos mais felizes com o afeto, o respeito e o amor. E pessoas felizes geralmente são pessoas boas. Elas não andam por aí dificultando as vidas de outras pessoas. Pelo contrário, elas espontaneamente ajudam a aliviar o fardo dos outros.

Existe outro tipo de medo que as escolas não devem incular nas crianças. É o medo de cometer erros. Este medo surge de muitas maneiras diferentes. Pode ser de um comentário desabonador feito pelo professor ou pela risada dos colegas de turma. O professor deve estar perceptivo das palavras ou da linguagem corporal que será percebida como judiciosa. Mesmo um julgamento positivo pode ser visto como ameaçador, porque tal julgamento pode igualmente ser negativo. Por exemplo, quando o professor diz, "você está certo!", abre-se a possibilidade de que ele pudesse ter dito, "você está errado!". Reconhecimento ou apreciação de pontos de vista expressos por alguém não é crítica, porque o professor ou os colegas podem discordar como opinião, mas ainda mostrar apreciação pelo que foi dito. Quando o professor precisa corrigir certos mal-entendidos, isso pode ser apontado durante a discussão sem fazer com que o aluno sinta que cometeu um erro embaraçoso.

AUSÊNCIA DE COMPETIÇÃO OU COMPARAÇÃO

Uma escola saudável não promoverá comparação ou competição aberta, tais como promover torneios ou criar classificação. Isto desenvolve um falso senso de superioridade ou inferioridade, porque a pessoa começa a se julgar baseada na capacidade dos outros. Isto pode cultivar orgulho pessoal ou baixa autoestima. Ninguém pode realmente ser comparado a outra pessoa, porque as personalidades humanas são tão complexas e multifacetadas que usar um conjunto de padrões para criar classificação não pode fazer justiça a nenhum aluno.

O máximo que pode ser feito é estabelecer certas referências impessoais sobre competências específicas e medir a capacidade do aluno contra tais critérios. Por exemplo, se é esperado que os alunos da 7ª série entendam como adicionar 2x e 3x, então a avaliação medirá se o aluno atingiu este nível de competência. Se alguns alunos ainda são incapazes de fazê-lo, então o papel do professor é ajudá-los a entender a lição sem fazer eles se sentirem inferiores aos outros.

ESPÍRITO DE EXPLORAÇÃO E EXCELÊNCIA

O professor deve ser capaz de extrair o melhor de um aluno inspirando-o. Enquanto uma determinada turma pode ter referências, um aluno que consiga dominar a lição um tanto facilmente pode ser encorajado a ir além das lições prescritas. Isso pode ser feito de várias maneiras, dependendo da matéria, tais como fazendo pesquisa, lendo livros, abordando temas avançados, compondo música, fazendo projetos artísticos, etc. Dessa maneira, o professor torna-se como que um tutor para tais alunos.

A verdadeira excelência é produzida pelo genuíno interesse e inspiração. A tarefa do professor é despertar interesse e inspirar os alunos a explorar além dos confins das lições prescritas. Ajudá-los com materiais, oportunidades ou equipamentos para tentar novas coisas, fazer pesquisas e experimentos, tocar instrumentos, criar e exibir obras de arte, etc.

LIBERDADE DE PENSAMENTO

A escola deve ter uma atmosfera intelectualmente aberta. Os alunos devem ser encorajados a questionar e sondar sem medo de ser condenados ao ostracismo ou receber notas baixas. É responsabilidade do professor promover tal ambiente na sala de aulas.

Há momentos em que as discussões em sala de aula envolvem questões sensíveis tais como a existência de Deus. O professor deve encorajar uma cultura onde os alunos que abraçam visões não populares (tais como a descrença em Deus) não tenham medo de expressar suas opiniões. A eles deve ser permitido explicar a razão por trás de suas ideias. A turma deve entender que não precisa concordar unanimemente com a questão difícil. O importante é a abertura de mente e a capacidade de compreender a razão por detrás de uma opinião contrária.

Eles devem ser livres para discordar até mesmo do professor ou do livro didático, desde que consigam justificar suas posições de modo racional. Se estiverem claramente errados, é função do professor ajudar os alunos a entenderem o erro através de uma série de perguntas, e não apenas declarar que estão errados. O processo de descobrir as coisas por eles mesmos é algo fascinante. Não se trata de ganhar ou perder um debate. É uma investigação quanto ao que é verdadeiro. Isto estimula a criatividade. Envia uma mensagem de que o conhecimento não é um livro fechado a ser dado pelas autoridades, mas um interminável processo de descoberta.

Eu estou ciente de que as escolas sectárias ou religiosas podem enfrentar algum problema ao criarem uma atmosfera de mente aberta. Mas isso é possível. Eu estudei num colégio jesuíta onde nos pediam para assistir aulas de teologia que eram manifestamente baseadas em doutrinas católicas. Havia doutrinas e opiniões sobre as quais eu não me sentia confortável. Assim, abertamente escrevi artigos que questionavam essas crenças no jornal e na revista da escola. Os padres jesuítas tinham a mente muito aberta e não se ofenderam. Eles permaneceram meus amigos mesmo após minha formatura. Fiquei impressionado com isso, e, depois de meio século, continuo a ter respeito e elevada consideração pela minha educação jesuíta, mesmo que não concorde com muitas das coisas que me foram ensinadas.

Por outro lado, sei de muitos amigos que estudaram em escolas religiosas que não tinham pensamentos positivos a respeito de sua educação religiosa. Eles usavam palavras negativas como "doutrinação" ou "lavagem cerebral" ao descreverem como eram ensinados, porque sentiam que não lhes permitiam questionar as coisas.

É importante lembrar que o verdadeiro objetivo da religião é ou deve ser a Verdade. Uma mente aberta não diminui a validade de um ensinamento que tem raízes no que é verdadeiro.

NORMAS ÉTICAS

A escola é um ambiente onde os administradores e professores podem demonstrar que normas éticas e sadias funcionam na vida prática. Quando os alunos aprendem a usar comunicação assertiva (não agressiva ou tímida) ao lidarem com conflitos, também entendem que é possível dizer a verdade sem medo de ofender as pessoas. Eles aprendem que a gentileza mútua é uma fonte inesgotável de alegria e despreocupação; que ajudar os outros espontaneamente produz felicidade.

Quando os membros da comunidade escolar esperam sinceridade, integridade, seriedade, confiança e um senso de responsabilidade uns dos outros, os alunos naturalmente tenderão a responder e a se comportar segundo tais normas.

CAPACIDADE DE SER FELIZ

Quando a escola tem um ambiente e uma cultura conforme acima delineados, ela então cria algo infinitamente valioso para os seres humanos: a capacidade para o bem-estar e a felicidade. Felicidade não é ter muito dinheiro, ser famoso ou ter altos cargos. É o produto de um conjunto de qualidades que produz um sentimento de contentamento, positividade e pertinência. Muitas destas coisas são subconscientes, baseadas em atos passados, associações, atitudes e visão de mundo.

Os indivíduos que possuem entusiasmo, alegria e otimismo pela vida têm uma melhor chance de se sair bem material e socialmente. Eles são motivados de uma maneira mais natural, espontânea, e não fazem as coisas calculadamente com propósito ambicioso e egoísta. São mais eficazes nos relacionamentos humanos. Saem-se melhor em suas vidas familiares e pessoais, sustentando assim vidas saudáveis e equilibradas.

Os elementos acima devem estar presentes numa escola saudável. Quando a cultura escolar tem a atmosfera oposta, isso pode criar problemas psicológicos individuais, assim como problemas sociais, tais como a taxa alarmante de suicídios estudantis em muitos países. Estas coisas são trágicas porque a escola deve ser um refúgio de aprendizagem, um lugar feliz de relações cordiais, e entusiasmo por excelência.

12 Sobre motivação

Uma habilidade importante que os professores precisam dominar é motivar os alunos a aprenderem. Quando isso for feito, eles acharão mais fácil apresentar aspectos mais desafiadores de uma matéria sem perder a atenção do aluno. Essa questão tem vários elementos:

Fatores que Desmotivam. O primeiro é a necessidade de ser sensível às coisas que impedem os alunos de desenvolverem o interesse pela matéria ou pelas discussões em sala de aula: cansaço, problemas pessoais, uma atitude negativa para com a matéria, medo, as condições meteorológicas e muitos outros. Tanto quanto possível, o professor deve ser sensível ao humor dos alunos no início de cada sessão e tentar abordá-lo de certa forma. Por exemplo, se os alunos estão cansados depois de ter passado por três horas de aula sem intervalo, então uma atividade física agradável ou um jogo pode motivá-los novamente.

Aqui estão alguns exemplos:

- ficar de pé fazendo exercício;
- um jogo que envolva movimentos físicos, tais como "7-Up" ou "A História de um Leão", desde que não perturbe as turmas adjacentes;

- jogos que despertarão curiosidade e excitação emocional, tais como jogos de *insight* como "Magia Negra[12]".

Qual desses deve ser usado dependerá do nível etário dos alunos. Os professores pensam, às vezes, que essas atividades são uma perda de tempo, que poderia ser melhor utilizado para ministrar aulas. Eles confundem eficácia com efetividade. É melhor ser eficaz do que eficiente. Quando as crianças estão motivadas, elas apreciam mais a matéria e a entendem melhor.

O Uso do Medo. A abordagem tradicional para tornar os estudantes atentos ou para fazer a lição de casa é por meio de punições, tais como dar uma nota baixa, constranger os alunos perante a turma, pedir-lhes para sair da sala caso estejam desatentos, etc. Em outras palavras, a motivação é o medo. Mas este tipo de motivação apenas fará os alunos tentarem passar nos exames, ao invés de torná-los interessados no assunto. A genuína aprendizagem envolve amor pela matéria.

A disciplina estudantil é melhor desenvolvida modelando-se e estimulando-se a hábitos e atitudes corretas. Problemas de comportamento devem ser discutidos com os alunos para que eles entendam por que o comportamento é danoso ou prejudicial. Usar o medo ou o castigo como maneira de suprimir comportamentos pode interromper, temporariamente, tais ações, mas não leva a uma compreensão duradoura do por que tais práticas são destrutivas.

---

12 O jogo Magia Negra (*Black Magic*) é uma espécie de jogo de enigmas onde você e outra pessoa fazem o resto do grupo pensar que basicamente vocês podem ler as mentes uns dos outros. (Nota Ed. Bras.)

Motivação do Professor. Um pré-requisito na motivação dos alunos é que em primeiro lugar os professores devam eles mesmos estar motivados.

Primeiro, devem ter um entusiasmo genuíno pelo assunto. Os alunos sentem isso imediatamente através do modo como o professor fala, sua linguagem corporal, o brilho em sua expressão facial, etc. Um modo entediado ou enfadonho influenciará os alunos com a mesma atitude. Se os professores têm um ar sombrio e infeliz quando falam a respeito da matéria, é como se estivessem dizendo, "eu também não gosto desta matéria, mas vocês devem passar nela, quer gostem ou não, se quiserem se formar". É como tomar um remédio amargo — você o evitará se puder. Mas quando o professor parece feliz quando conversa sobre a matéria, então o sentimento será contagiante. As crianças se sentirão mais leves ou mais brilhantes. Quando elas associam este sentimento ao curso, então se tornam mais motivadas para aprendê-lo.

Segundo, os professores precisam ser criativos. Explicar as coisas com palavras é apenas uma das muitas abordagens ao ensino. Pode-se também explorar ou demonstrar um conceito com experimentos; pode ser encenado ou expresso através de jogos, canções, ilustrações, etc. Pode ser divertido e desafiador. Por exemplo, ensinar aerodinâmica pedindo aos alunos para fazerem asas que se elevarão quando um ventilador soprar nelas; ou compreender o princípio das alavancas e roldanas desafiando-os a conceberem uma engenhoca que permitirá a alguém levantar dois alunos; ou ensinar trigonometria medindo a altura de um poste elétrico pela sombra que ele lança numa determinada hora.

Ademais, professores entusiasmados são professores felizes. Eles não ficam psicologicamente exaustos depois de ensinarem durante horas. Não são nem mesmo desencorajados pela reação passiva dos alunos.

Certa vez uma professora esteve ausente de nossa escola. Eu fui até a sua turma, que consistia de crianças com idades entre 8 e 9 anos, e lhes perguntei qual seria a lição daquele dia. Era sobre conversão de polegadas para milímetros. Eu lhes perguntei se tinham réguas. Sim, elas tinham. As réguas geralmente têm polegadas de um lado e milímetros do outro. Então, depois de lhes mostrar como reconhecer polegadas e milímetros em suas réguas, eu lhes pedi para medirem as orelhas uns dos outros, e para ver qual era a mais comprida e a mais curta, e, depois, registrar em polegadas e em milímetros. De repente, a turma se tornou um mercado persa. Alguns estavam sentados e outros de pé, zelosamente querendo medir e registrar o tamanho das orelhas uns dos outros. A sala reverberava com risadas e gritos. Depois eles começaram a medir diferentes partes do corpo, como quadris e dedos. Após a chegada da professora substituta, eu deixei a sala que estava num burburinho, confiante de que os alunos entenderam claramente a diferença entre polegadas e milímetros.

Autoconfiança Psicológica. Isto nos leva a outra qualidade de professores eficazes: eles são psicologicamente autoconfiantes. Não são desencorajados por alunos sem entusiasmo, pois o seu anseio surge de dentro; não são essencialmente dependentes da resposta dos alunos. Eles mantêm uma paixão pela matéria independentemente de se os outros estão interessados nela ou não.

Para alcançar este estado, os professores devem ter trabalhado sua insegurança ou baixa autoestima, e são capazes de se aceitarem como são.

Empatia. A empatia é um aspecto crucial do ensino. Une o professor aos alunos de tal modo que o professor sente se os alunos estão ou não absorvendo as lições naquele momento.

Sensibilidade aos sentimentos e humores dos alunos é uma base importante para o relacionamento. Suponhamos que uma tragédia aconteça a um dos alunos ou a um dos professores da escola. A mente e os sentimentos dos alunos estarão direcionados para o incidente, e não focados em qualquer assunto. É útil se o professor dedicar pelo menos alguns minutos para expressar esta preocupação antes de gentilmente redirecionar a atenção de todos para a lição do dia.

Certa manhã, uma professora da Golden Link entrou na sala e notou que os alunos debatiam, animadamente, algo entre si, em pequenos grupos. Ao invés de lhes pedir para parar de falar, ela disse que lhes daria cinco minutos para continuar debatendo, após o que, começaria as lições. Após cinco minutos, os estudantes estavam prontos. O que a professora mostrou foi que era sensível às necessidades dos alunos e os respeitava.

Ter empatia é estar sintonizado com as mentes, emoções e preocupações dos alunos. Tal capacidade permitirá aos professores fazer uso das preocupações dos alunos para gerar interesse ou entusiasmo por um assunto. Por exemplo, sabendo que os alunos da faculdade estão agora começando a ter relacionamentos sérios de homem-mulher, entre si, um professor pode começar uma aula de história com uma discussão sobre as consequências sociais ou históricas nos relacionamentos amorosos, tais como Antônio e Cleópatra, ou Abelardo e Heloísa.

Um livro excelente sobre motivação infantil é *Motivated Minds* (*Mentes Motivadas*) de Debora de Stipek e Kathy Seal.

Ele tem sugestões sólidas e bem fundamentadas que lançam muita luz sobre este assunto, especificamente os seguintes:

- Notas, prêmios e recompensas podem não ser as melhores abordagens, já que podem causar dano.
- As crianças tornam-se automotivadas para aprender:
    - quando se sentem capazes e habilitadas, como também confiantes, se tornar ainda mais motivadas;
    - quando têm alguma escolha e controle sobre o que estão aprendendo;
    - quando se sentem amadas, apoiadas e respeitadas por seus pais.

Stipek e Seal nos lembram também que as crianças aprendem bem através de brincadeiras, e que seus interesses são despertados quando o assunto está ligado ao mundo real.

ENTUSIASMO E INSPIRAÇÃO

Mencionamos a importância do entusiasmo. Precisamos acrescentar algumas palavras a respeito de sua relação com a inspiração.

Entusiasmo é estar interessado em compartilhar, em ensinar. Existe uma energia interior, uma qualidade borbulhante que emerge do interior, sempre que se fala a respeito do assunto que está sendo ensinado. Isto está intimamente ligado a sentir-se inspirado. Existe fogo na alma da pessoa, ela se torna apenas um canal para o assunto fascinante. Então a pessoa contagia o coração e a mente de outra pessoa com seu entusiasmo. Isto eleva e exalta quem ouve. Acende o fogo de dentro dos alunos. Eles se tornam automotivados. O interesse agora vem de dentro, e não do professor.

Como se ensina álgebra? Ou história? Ou contabilidade?

Os alunos gostam de ser desafiados. Ficam intrigados com quebra-cabeças. Proponha-se algumas situações desafiadores a serem resolvidas, e eles podem passar toda a noite tentando decifrar a charada. Mas não dê desafios onde eles provavelmente fracassarão. Eles se sentirão frustrados e perderão o interesse. Assegure-se de que eles resolvam as charadas mais cedo ou mais tarde. Todo sucesso atiça o fogo da curiosidade e do entusiasmo.

Conte histórias relacionadas à sua matéria, mesmo que tenha uma ligação remota. Dramatize uma anedota histórica. Deixe que empreendam experimentos ou projetos sobre a matéria, tais como germinação de feijões, fazer campainhas, ou realizem truques de "magia" com produtos químicos.

Nos anos quando eu estava na escola primária, visitei a casa de um eletricista, Sr. Juca, que fazia trabalho de consultoria para a empresa do meu pai. Ao entrar na casa, fiquei apavorado! Toda a casa era como uma oficina ou laboratório elétrico. Estava cheia de engenhocas, instrumentos, fios e acessórios elétricos em caixas, em cima de mesas, ou mesmo nas paredes. (Anos depois, comecei a me perguntar como sua esposa se sentia a respeito disso como "dona de casa").

O Sr. Juca pegou um bloco de madeira, mais fino do que uma caixa de sapatos, com uma lâmpada elétrica presa na parte superior. Depois ele a segurou algumas polegadas acima da quina da mesa de jantar e a moveu de um lado para outro. À medida que o bloco pairava sobre a parte mediana na quina da mesa, a lâmpada gradualmente acendia e ficava mais clara exatamente no meio. Quando ele a movia para a outra extremidade, a luz esmaecia. Para mim, aquilo era magia. Fiquei encantado com aquilo. Então ele deixou que eu visse a parte de baixo da quina da mesa. Havia uma grande bobina embaixo, ligada a uma tomada elétrica. Dentro do bloco de madeira que ele segurava estava outra bobina ligada à lâmpada. Quando ele ligava a corrente (sem que eu percebesse) e aproximava o bloco da bobina da mesa, ele transformava as duas bobinas num transformador que gerava eletricidade para acender a lâmpada.

Muitos anos depois disso, transformei meu pequeno quarto numa oficina elétrica, com fios de antena atravessando o teto para o meu incipiente kit de rádio que montei a partir de fragmentos que reuni de várias fontes. O único artigo que comprei (com a ajuda de meu primo mais velho, já que eu não tinha dinheiro) foi uma bateria de nove volts para alimentar o rádio.

Eu gostaria que houvesse um milhão de Srs. Jucas ensinando nas escolas ao redor do mundo.

Leia bastante a respeito da matéria que está ensinando. Descubra coisas interessantes a respeito dela. As possibilidades são quase ilimitadas. A história do Nó Górdio (história ou linguagem), como uma grande companhia faliu como resultado da má administração dos registros contábeis (contabilidade), como as bússolas foram descobertas quando os cocheiros precisavam saber para onde se dirigiam durante as batalhas nos dias enevoados (física), a maior cobra conhecida (biologia), o ser humano mais gordo da história (saúde), o grupo de pessoas mais longevo (saúde), a pessoa mais alta do mundo (glândulas e hereditariedade), etc.

O conhecimento é uma fonte perene de fascinação.

NÍVEL DE ENERGIA DOS PROFESSORES

Entusiasmo e inspiração serão difíceis de alcançar quando a pessoa está preocupada por causa de problemas. Quando está aflita, o espírito da pessoa não está livre para explorar e apreciar. Está atravancado devido à baixa energia, conflito, ressentimento ou medo.

Os professores devem, portanto, aprender também a serem eficazes ao lidar com os múltiplos aspectos da vida, tais como lidar com o estresse. Eles devem ser bons não apenas em matemática ou história. Devem também ser bons em enfrentar os problemas familiares com o processamento da autopercepção do conflito interno. De muitas maneiras eles se tornam conselheiros dos alunos, não apenas na matéria que estão ensinando, mas também ao lidarem com as dificuldades da vida.

13 Sobre medalhas, homenagens e notas

A maioria das escolas regularmente dão medalhas, notas e fazem homenagens a seus alunos. Existem desvantagens sutis, mas de longo alcance, com relação a estes métodos de motivar as crianças para terem um bom desempenho.

As crianças devem ser motivadas não por causa de medalhas ou honraria, mas porque estão interessadas em aprender. O amor do aprendizado e o genuíno interesse numa matéria são os melhores tipos de motivação em educação. As crianças desenvolverão iniciativa. Lerão e farão perguntas por curiosidade e interesse, mesmo que os assuntos estejam fora do currículo ou de sua faixa etária. Elas progredirão segundo seu próprio ritmo.

Medalhas e avaliações produzem efeitos prejudiciais nas crianças. Elas dão a impressão de que as crianças estão aprendendo a conquistar honrarias e a serem melhores do que as outras crianças. Isto desenvolve um senso de competitividade como também a mentalidade de que devem ter bom desempenho para agradar a seus pais. O que cria o sentimento de "eu contra os outros" na escola, em vez de um espírito de cooperação. Aqueles que não recebem honrarias podem sentir baixa autoestima ao se compararem com aqueles que foram reconhecidos. Não precisamos deixar que outros se sintam mal apenas para expressar nossa apreciação por uns poucos alunos.

As crianças devem devolver um espírito de excelência ao invés de competitividade. Excelência significa alcançar o melhor de si. Esta é a medida mais significativa de sucesso — atingir os mais elevados limites das próprias capacidades, em vez de se comparar com as habilidades de outros. Comparação e competição promovem insegurança e medo, como também vaidade e orgulho.

O mundo já tem muito conflito, insegurança, violência e infelicidade. A principal causa de todas estas coisas é o senso de competição e comparação. Um país gosta de ter uma renda *per capita* mais elevada do que outro; uma corporação gostaria de ter uma fatia de mercado maior do que outra; uma pessoa gostaria de derrotar outra numa eleição ou ser mais rica. Para alcançar estas coisas, as pessoas podem recorrer à injustiça, à falta de consideração e até mesmo à violência.

Tudo isso é desnecessário e mesmo destrutivo, porque podemos alcançar verdadeira realização e sucesso sem nos compararmos com os outros. Que os alunos se tornem o que podem ser, que alcancem o que consigam alcançar, segundo suas melhores habilidades, sem parecerem "mais bem-sucedidos" do que os outros. Sadiamente estimulados e motivados os alunos não desenvolverão sentimento de insegurança ou de inferioridade quando virem outros se destacando em seus campos de atividade. Eles ficam felizes em expressar sua apreciação ou admiração, e ao mesmo tempo, apreciam suas próprias realizações.

Alguns pais podem dizer: "mas existe uma competição real na sociedade. Não deveríamos preparar nossos filhos para serem competitivos?"

Devemos preparar nossos filhos para a excelência. À medida que crescerem, eles compreenderão que na sociedade há competição. Depende deles juntarem-se ou não a tais disputas. Se o fizerem, não se sentirão fracassados caso não vençam, porque não estavam condicionados a sentirem-se inferiores apenas porque não eram como as outras pessoas. Eles simplesmente continuarão a fazer o seu melhor.

A vida humana é como viver numa escada sem fim, com bilhões de pessoas subindo (e algumas escorregando para baixo). Algumas pessoas estão à nossa frente; outras estão atrás de nós. O objetivo é alcançar o topo da escada, e não estar na frente de ninguém. O esforço para estar acima dos outros é uma tarefa infrutífera e ridícula, impossível de realizar. Não estamos numa corrida contra ninguém. Nossa corrida, se é que existe alguma, é com o nosso próprio potencial natural. Não faz sentido comparar-nos com Einstein ou Mozart, como não faz sentido comparar-nos com alguém que nasceu com Síndrome de Down.

Os filhos devem ser educados para tornarem-se realizadores naturais, sem se sentirem inseguros porque outros estão se saindo melhor, e não sentirem-se orgulhosos por parecerem "melhores do que os outros". Eles devem ser mais felizes com o seu crescimento e com suas realizações. Algumas das pessoas mais impressionantes na história — Einstein, Edison, Gandhi, Madre Teresa, Marie Curie fizeram o que tinham de fazer por causa do amor pelo que estavam fazendo, e não para parecerem melhores do que os outros. E eles, no geral, eram pessoas mais felizes.

Mais um pensamento: se avaliação e comparação são tão bons motivadores para as crianças, por que os pais não avaliam seus próprios filhos? Imagine-se um pai chamando seus quatro filhos e dizendo: "você, Maria, é a mais inteligente de seus irmãos. Pedro, você é o próximo. Samuel, você é o terceiro. Henrique você é o último da lista". Isto seria desastroso para os irmãos, especialmente para Henrique.

NADA DE TORNEIOS OU COMPETIÇÕES

No Golden Link College não há torneios nem competições. Quando há um programa de discursos, todo estudante individualmente vai até o palco dizer a sua parte. Pode ser "Pisca, Pisca, Estrelinha" para um aluno do jardim da infância, ou um discurso completo para um aluno do ensino médio ou da faculdade. Não existe medalha de ouro a conquistar. Não existem vencedores ou perdedores. Eles são treinados para pronunciar vogais e consoantes corretamente, sobre como lidar com o nervosismo, encarar a plateia, gesticulação, exageros e assim por diante. Eles fazem o melhor possível — é isso. Todos são reconhecidos por seus esforços. O programa de discursos não dura meramente umas poucas horas. Para uma população escolar de cerca de mil alunos, leva pelo menos quatro dias inteiros para terminar o programa, com os estudantes divididos em oito grupos, e seus pais são convidados para ouvi-los.

O efeito deste tipo de programa não competitivo é o rápido desenvolvimento de sua autoconfiança e autoestima.

Dentro da sala de aula os alunos têm oportunidades iguais para ficarem na frente para falar. Sempre haverá alunos que constantemente levantam as mãos para responder perguntas ou compartilhar seus pensamentos, enquanto muitos outros podem apenas se sentar e esperar serem chamados. O professor, portanto, precisa criar seções onde todos serão chamados para falar na frente, tal como relatar um assunto. Nas discussões em sala de aulas, os alunos devem ser chamados aleatoriamente quando apenas uns poucos pareçam estar voluntariamente compartilhando suas ideias. No Golden Link, nós fazemos isso "contando". Um aluno dará um número, depois o professor ou outro estudante apontará para alguém para começar a contagem. Se o número for nove, então o nono estudante a partir daquele será o que falará. É interessante como os alunos perdem sua autoconsciência ou timidez num ambiente assim.

É permitido aos estudantes participarem de disputas, competições ou torneios fora da escola. É uma maneira de testar sua compreensão, se são motivados pelo desejo de vencer os outros ou simplesmente para fazer o melhor que puderem independentemente de ganhar ou não. Será que eles ficam chateados porque não ganharam o troféu, ou ficam desapontados porque sua equipe não correspondeu? A primeira é sobre competição; a segunda é sobre esforço.

NOTAS E AVALIAÇÕES

O uso de um sistema de notas, seja por números (0 — 10) ou letras (A — E), tornou-se tão padronizado que é quase inconcebível uma escola que não tenha adotado um desses. Contudo o uso de tal sistema é tão repleto de desvantagens que se vier a ser aplicado, deve sê-lo com cuidado. Existem três razões principais por que as notas são prejudiciais:

Propósito Mal Compreendido. A maioria das pessoas esqueceu o real propósito subjacente de se ter um sistema de notas. É ter um método de avaliar o aprendizado e o progresso do aluno. Pelo fato de o sistema de notas ser o método mais fácil e conveniente de avaliação, especialmente para professores que estão lidando com mais de dez alunos por turma, ele se tornou a forma padrão de avaliar o progresso.

Através dos séculos, a "nota" adquiriu vida própria. Em vez de ser vista como uma ferramenta para medir o progresso no aprendizado, tornou-se o fim em si mesmo para muitos alunos, pais e mesmo professores. Tenho visto inúmeros alunos se preocuparem e se chatearem por tirarem notas baixas ou "serem reprovados" (ou ficarem orgulhosos quando tiram notas altas), mas vejo muito poucos alunos que se preocupam quando não estão aprendendo com o professor, ou se sintam orgulhosos quando tenham dominado um assunto.

Nas escolas padrão, portanto, supõe-se que os alunos tiveram bom desempenho quando obtiveram notas altas nos exames, independentemente de terem ou não compreendido a matéria. Isto é estranho. E ainda assim achamos alarmante que esta situação anômala seja aceita tranquilamente por alunos, pais, professores e administradores. Um sistema assim não mais busca a verdadeira educação, mas uma paródia dela.

Todo professor deve ter em mente que a avaliação tem por objetivo saber se o aluno atingiu certo nível de competência numa matéria, e, caso não tenha, o professor deve ajudar o aluno a alcançá-lo. É precisamente este o propósito de uma escola. Quando uma mãe está ensinando aritmética a seu filho, ela pode dar um teste de avaliação depois da lição. Quando o filho não consegue responder, significa que ele ainda não domina o assunto. A mãe diz então: "você não passou no meu teste. Significa que você será reprovado no teste da escola amanhã. O problema é seu."? Não. A mãe repetirá a lição e o orientará novamente até que ele aprenda. O propósito da avaliação não é julgar e condenar, mas diagnosticar e ajudar.

Uma avaliação é diferente de uma prova. Alguém formado em medicina se candidatará a ser examinado por uma junta médica a fim de qualificá-lo para a prática da medicina. O governo averigua se ele preenche os padrões requeridos. Ele pode passar ou fracassar. Não é função do governo ensinar aos candidatos a tornarem-se bons médicos, mas assegurar que sejam competentes antes de lhes permitir praticar a medicina.

A função do professor é diagnosticar e avaliar, e nunca fazer julgamento; o propósito é entender e não recompensar ou punir, e depois ajudar os alunos que estão tendo dificuldade com a matéria. A função da administração escolar é diferente. É averiguar se os alunos estão prontos ou não para o nível seguinte.

Uma aluna de uma das principais universidades das Filipinas falou-me certa vez que tinha um professor que disse aos alunos no primeiro dia de aula: "Dois terços de vocês serão reprovados nesta matéria". Ele acrescentou, com algum sentimento de orgulho, que todo ano reprovava dois terços de seus alunos. Não consigo entender tal arrogância. Era como se não fosse sua responsabilidade tentar fazer com que todos os alunos atingissem o nível esperado de compreensão e competência. Ele está agindo como um examinador (e mesmo um executor) e não como um professor. Talvez ele pensasse que assustando os alunos com a ameaça da reprovação, eles se aplicariam mais, enquanto na verdade os estava desmoralizando.

Muitos professores, especialmente aqueles que estão ensinando a mais de quarenta alunos por turma, podem dizer que não têm tempo para ajudar os alunos individualmente. Embora isto seja verdade (algumas turmas têm mesmo mais de setenta alunos), não altera o fato de que o dever do professor é ajudar os alunos a alcançarem o nível de competência visado. A inabilidade de assim fazer é simplesmente um fracasso profissional.

Avaliação Formativa vs. Avaliação Agregadora. Felizmente existem abordagens que permitem aos professores diagnosticar avaliações à medida que as lições estão em andamento. Isto tem sido chamado de Avaliação Formativa, em contraste com Avaliação Agregadora.

As avaliações formativas testam a compreensão dos alunos quase imediatamente após a lição ter sido dada. Elas podem ser na forma de um questionário, uma discussão oral ou uma atividade. O professor pode determinar que outro esforço seja necessário para ajudar determinados alunos a serem proficientes na lição em pauta. Esse tipo de avaliação visa ajudar o processo de aprendizado, em vez de fazer um julgamento.

As avaliações agregadoras, por outro lado, são o que professores e escolas fazem quando dão uma prova no final de um período, tal como o exame final ao término do semestre. O problema com este tipo de avaliação é que quando o aluno falha no teste é tarde demais para remediar a situação. Ele terá de repetir a matéria ou passar para o nível seguinte sem ter atingido proficiência na matéria.

Quando as avaliações formativas são bem realizadas, não há necessidade de as escolas aplicarem provas. O professor conhece o nível de proficiência de cada aluno, embora intervindo regularmente e fornecendo apoio àqueles com dificuldade. Desta maneira, a possibilidade de que os alunos alcançarão proficiência aceitável em cada matéria é muito maior do que quando as provas são aplicadas somente no final do período.

Ao implementar a avaliação formativa, o professor precisa ter clareza quanto aos objetivos da aprendizagem na matéria.

Eles estão listados numa tabela ou em um gráfico chamado rubrica, e os alunos são regularmente avaliados para ver se atingiram o nível de proficiência pretendido.

Para turmas com grande número de alunos, o professor pode fazer uso da tutoria por pares, onde alunos proficientes orientam aqueles que estão atrasados. Isto ajuda não apenas os alunos mais lentos, mas também os alunos mais avançados a obterem cada vez maior domínio da matéria ao ensinarem aos outros.

Alguns professores dirão que é também responsabilidade dos alunos aprenderem a matéria, e que não é dever apenas do professor. Isto é verdadeiro até certo grau, especialmente nos níveis de faculdade. Mas este raciocínio não é muito válido para níveis elementares e mesmo nível médio, onde é função do professor motivar os alunos como também ensinar a matéria eficazmente. Em outras palavras, professores do nível elementar são como pais que estão guiando e moldando mentes jovens. O professor deve ser um psicólogo de crianças, um motivador, um treinador, um pai e um professor que ensina sua matéria.

Uma Avaliação Não Exata. A nota nem sempre é uma avaliação confiável do progresso do aluno. A nota pressupõe uma referência objetiva de competência. Contudo, ela tem suas tendências. Quando o exame de história consiste de perguntas que precisam de memorização, Suzana pode sair-se bem, mas Margareth não. Se se mudar as perguntas de modo que sejam trocadas por redações que envolvam análise de situações históricas, Margaret pode sobressair-se, mas Suzana pode fracassar. Quem se saiu melhor na matéria, Margareth ou Suzana?

Se um professor usa constantemente testes de tipo memorização, Margaret continuará falhando e pode começar a acreditar que é burra em história, quando na verdade ela pode ter entendido história melhor do que Suzana. Notas baseadas em tais exames, portanto, podem não necessariamente refletir a real competência dessas duas alunas na matéria.

A escola e seus professores têm de estar atentos ao modo como os alunos estão sendo avaliados. Se regularmente lhes é pedido fatos e números para serem memorizados (tais como datas históricas), então eles desenvolvem a impressão de que é isto o que se supõe que devam aprender e saber. Se eles são avaliados em sua habilidade de analisar ou sintetizar eventos ou ideias, então sabem que se espera que entendam a significação mais profunda de qualquer que seja a lição que estejam estudando. Este é o valor da taxonomia de Bloom a respeito dos deveres de compreensão de qualquer lição. (Veja abaixo mais dados sobre esta ferramenta).

Se os professores tiverem de avaliar por meio de testes, os testes devem ser planejados de tal maneira que o professor verdadeiramente entenderá as forças e fraquezas essenciais dos alunos na matéria. Para este fim, certos tipos de testes não são muito úteis, a não ser quando planejados habilidosamente, tais como questões tipo "Escolha a resposta correta", onde são dadas quatro respostas possíveis e se espera que o aluno circule a resposta correta. Alguns alunos são bons em adivinhar. Eles podem tirar uma nota razoavelmente boa sem realmente compreenderem bem a matéria.

As avaliações orais estão entre as melhores. A seguir viriam as perguntas tipo ensaio. Para matemática, seria a resolução de problemas, não apenas dar a resposta final. Projetos ou atividades reais seriam até mesmo melhor, embora exijam mais tempo e esforço.

Professores que dominam suas matérias, e que apreciam a importância prática da matéria, serão melhores para avaliar o progresso dos alunos e se os alunos entenderam o assunto ou não. Em tais casos, particularmente para as séries mais adiantadas, as notas são menos prejudiciais porque conseguem refletir até certo ponto o progresso do aluno. Mas a melhor avaliação ainda é aquela na base de 1 a 1, onde o professor dará *feedback* direto ao aluno sobre como ele vê a força e a fraqueza dos alunos com relação à matéria. Isso, certamente, é quase impossível para professores que estão lidando com turmas grandes, mas esforços devem ser feitos nesta direção, especialmente para aqueles que estão tendo dificuldades com a matéria.

A Taxonomia de Bloom. Os professores devem levar muito a sério os princípios por trás da taxonomia de Bloom, onde o aprendizado é classificado de acordo com os níveis de competência, de simplesmente lembrar uma informação a conseguir criar um conjunto de ideias semelhantes. Aqui estão os níveis, do inferior ao mais elevado:

- Lembrança — conseguir lembrar informações aprendidas, tais como as capitais dos países.
- Compreensão — conseguir compreender o significado do que é aprendido e explicar os princípios com suas próprias palavras.
- Aplicação — conseguir usar o que é aprendido em novas situações.
- Análise — ser capaz de decompor ideias em seus componentes e ver ligações entre as ideias.

- Avaliação — conseguir avaliar, defender, criticar ou julgar o conjunto de informação aprendida.
- Criação — conseguir criar, desenhar ou inventar um novo conjunto de ideias, sistemas, mecanismos ou trabalhos alternativos.

A capacidade para criar é a mais elevada forma de aprendizado porque geralmente implica o domínio dos níveis previamente aprendidos.

Dependendo da nota, o professor deve tentar erguer a competência em níveis cada vez mais elevados na escala taxonômica. Por exemplo, resolver problema de palavras em matemática exige maiores poderes analíticos do que simplesmente resolver um problema de equação. Criticar um livro mostra melhor compreensão do que simplesmente resumir o seu conteúdo. Analisar as funções das partes de uma engenhoca é superior a poder usar o aparelho. Escrever um livro sobre um assunto mostra uma compreensão mais detalhada do que simplesmente poder explicar as ideias de outra pessoa.

Nas aulas de música no Golden Link College, por exemplo, seja no nível médio ou faculdade, o objetivo do curso consiste de cinco habilidades: 1) Apreciação de música; 2) Aprender as noções básicas de canto; 3) Aprender a tocar pelo menos um instrumento (por exemplo, violão ou piano); 4) Aprender a ler música, e finalmente, 5) Compor música. Os alunos acham o curso divertido e desafiador, e quando eficazmente conduzido pelo professor, eles aprendem habilidades suficientes em música para durar por toda a vida.

Numa matéria como Religião Comparada, os alunos são preparados para analisar, criticar ou comparar várias doutrinas e práticas religiosas, e a dar suas opiniões sobre elas, sejam elas razoáveis, contraditórias ou absurdas, e debatê-las em uma atmosfera de completa liberdade. Ao final do semestre, uma pergunta final que lhes pode ser feita seria: "Se você tivesse de criar sua própria religião, quais seriam suas doutrinas, princípios, práticas e por quê?" É surpreendente como alguns alunos abraçaram opiniões que jamais sonharam que terminariam formulando quando começaram o curso. Praticamente todos os alunos desenvolvem mentes notavelmente abertas que jamais se fecharão novamente!

Natureza Competitiva. Há outro aspecto das notas que tem efeito pernicioso sobre a autoestima e a autoconfiança dos alunos, especialmente na escola primária.

As notas têm um modo de dizer às crianças que elas são mais burras do que as outras. As crianças começam a acreditar nessas insinuações subconscientes e desenvolvem uma baixa estima em relação às suas capacidades. Sentem-se indignas aos olhos de seus pais e professores por terem tirado notas baixas. Esses sentimentos são as raízes de futuras neuroses.

Quando a aplicação de notas não é equilibrada pelo *feedback* e encorajamento pessoal, elas podem se tornar destrutivas à autoestima dos alunos. Algumas escolas públicas têm turmas de 70 alunos por sala de aulas. Nestes casos é praticamente impossível para o professor prestar atenção individual a cada aluno. Mas o professor deve estar consciente dos efeitos danosos de notas não discutidas. Esforços devem ser feitos para que as notas não sejam consideradas como uma rejeição da pessoa.

Embora reconhecendo o inevitável uso de notas em sistemas escolares padrão, devemos enfatizar a nocividade de sua implementação indiscriminada.

Notas pressupõem que existe um padrão para medir a competência de cada aluno numa determinada matéria. A nota mede se o padrão de referência foi atingido, e não necessariamente se o aluno progrediu e tem altos potenciais. Assim, por exemplo, um aluno novo transferido pode ter começado numa determinada escola com baixa compreensão de álgebra, e pode ter progredido muito durante o ano escolar, mas ainda não atinge o parâmetro de referência ao final do ano, e assim é reprovado na matéria. Seu esforço exemplar para melhorar não é levado em conta. O que é reconhecido num sistema assim é o padrão de referência.

Mas o que é esse padrão de referência? É um padrão estabelecido por uma escola e pode diferir de uma escola para outra. Não é uma mensuração do potencial da criança, que é tão importante, se não mais importante, do que a real competência da criança. Lembremos que Einstein, Edison e Krishnamurti foram considerados burros ou lentos quando crianças. Se eles não tivessem um forte e inato potencial interior, poderiam ter sido arruinados pelo *feedback* negativo de seus professores ou dos mais velhos.

As notas, se forem usadas, devem sê-lo com compaixão, compreensão e encorajamento. A elas não deve ser atribuída indevida importância, pois são meramente indicadores de certos aspectos limitados do conhecimento pessoal. As notas não são sequer mensurações exatas de inteligência. Se Picasso foi reprovado em matemática, isso o torna um burro?

Hoje em dia muitos psicólogos estão abraçando fortemente a visão de que a inteligência não pode ser medida apenas por testes de QI padrão. Esses testes destinam-se a medir somente dois ou três aspectos da inteligência, mas não todos. Um psicólogo, Howard Gardner, propôs o conceito de inteligências múltiplas, consistindo de nove tipos. Ele se afasta da visão tradicional de que a inteligência é medida por capacidades linguísticas e lógicas. Será Michael Jordan menos inteligente do que um professor de física? Será Isadora Duncan menos brilhante do que Madame Curie?

Estas são algumas das questões que professores e educadores devem considerar quando avaliam seus alunos. A educação, como mencionamos, é uma preparação para a vida. Não é passar num teste de QI ou tirar notas altas.

14 Sobre disciplina e regras

Uma escola precisa de regras, e certos padrões de disciplina devem ser aplicados. Se a escola não instila medo, pode-se perguntar, qual garantia temos de que não haverá caos, uma vez que as crianças não têm nem medo dos professores e nem o de enfrentar as consequências?

A verdadeira disciplina é a autodisciplina e não o controle externo. A autodisciplina está baseada na compreensão e no autodomínio, e não no medo ou no castigo. Uma clara compreensão disso guiará os professores e os administradores escolares na administração de uma escola baseada principalmente na autodisciplina e não em medidas disciplinares externas.

Quando o número de alunos é pequeno, então a escola pode despender tempo com sessões de aconselhamento individual, que possibilitarão aos estudantes apreciar a necessidade da disciplina, e os ajudará a cooperar voluntariamente com as regras.

Porém, quando a população estudantil é grande, esse tipo de aconselhamento individual torna-se mais difícil. Mas isto depende também do percentual de alunos que violam as regras.

Numa escola onde os alunos foram educados, desde o jardim de infância, segundo uma maneira sadia de vida, esse problema terá uma menor chance de surgir. Os alunos terão desenvolvido atitudes e hábitos que são compatíveis com as regras da escola.

Quando há alunos transferidos, a escola deve dedicar tempo conversando com eles e guiá-los por um período de transformação, de crianças irrequietas e sem autodisciplina a indivíduos que desenvolveram autopercepção e disciplina espontânea.

É importante, entretanto, que ao incutir comportamento saudável, os alunos devem ser inspirados ou atraídos a tal comportamento ao invés de serem coagidos. Isto agora depende do poder inspirador dos próprios professores. Por exemplo, quando a professora alegremente rearruma as cadeiras e mesas após o uso, e então convida os alunos para lhe ajudar, os alunos devem responder muito favoravelmente. Quando, porém, a professora apenas fica ali e lhes ordena com uma cara imponente e assustadora, então os alunos podem apenas dar uma mão em sua presença, mas não são motivados a se comportarem construtivamente quando ela não está presente.

Vejamos alguns exemplos de fontes do assim chamado comportamento prejudicial entre os alunos.

Hiperatividade. Isto é particularmente observável em crianças mais jovens. Os professores devem lembrar que isto não as torna crianças "más" ou "malcriadas". Elas estão apenas cheias de energia, e muitas vezes esta energia não é estável ou não está fluindo suavemente. Assim, existe desassossego, inquietação, uma tendência para comportamento arruaceiro e mesmo violência. O professor deve observar a manifestação de energia corporal (inclusive *ch'i*) na criança, e ver se a instabilidade energética pode ser normalizada por meio de exercício, atividades que liberem a energia reprimida, processamento da autopercepção ou métodos similares.

Mas cada escola deve também estar consciente de suas limitações ao lidar com problemas especiais. Por exemplo, se o problema for psiquiátrico, e a escola ou os professores não forem competentes para lidar com isso, então seria melhor direcionar a criança a outra instituição em vez de tentar retê-la sem saber lidar com a situação.

Violência. Isto assume várias formas. Alguma violência vem do excesso de energia aliado à impaciência ou à frustração. Ou pode vir de um ambiente doméstico no qual a violência seja habitualmente tolerada pelos pais. Ou pode ser baixa autoestima manifestando-se como *bullying*. As crianças devem ser observadas e entendidas, e o professor ou consultor deve adotar a abordagem apropriada para corrigir tais fatores psicológicos.

Se a criança está machucando as outras, então a consequência é que ela deve ser separada do restante da turma (dentro ou fora da sala de aula), e lhe seja permitido retornar somente se prometer não mais se engajar em comportamento prejudicial. Se a aula for interessante, a criança preferirá retornar para a sala e se esforçar para ajustar seu comportamento.

Para crianças pequenas, tendências à violência são hábitos que foram formados. A primeira tarefa é evitar que outras crianças sejam machucadas. O segundo passo é ajudar a criança a aprender como lidar com sua disposição violenta. Existem várias abordagens, e umas poucas podem ser aqui mencionadas.

O comportamento violento muitas vezes ocorre quando a criança tem conflitos com os colegas de turma, ou é provocada por eles. Quando ocorre um incidente assim, o professor deve aproveitar a oportunidade para iniciar o processo de mudança de hábito. Quando perguntado por que atingiu o seu colega, ela geralmente terá uma explicação, dizendo que o colega fez algo que lhe aborreceu. O professor deve agora explicar que, em tais casos, ela deve falar com o colega ou contar ao professor, mas não deve machucar o colega. Este seria um momento apropriado para lhe ensinar comportamento assertivo em vez de comportamento agressivo. O professor deve demonstrar como ele poderia falar com seu colega para resolver a questão.

Para alunos mais velhos, a escola deve conduzir sessões regulares sobre comunicação assertiva ao lidar com conflitos. O método pode ser encontrado em vários livros tais como *O Processo de Autotransformação*[13].

Bullying. Esse é um sintoma de comportamento subconscientemente defensivo. Quando as crianças estão sujeitas a um ambiente opressivo, especialmente no lar, e como consequência sentem-se impotentes, elas sentem a necessidade compensatória de reconstruir sua autoestima. Isso pode manifestar-se em intimidação ao tentar fazer valer o seu poder ou superioridade sobre vítimas mais fracas. Estudos têm também mostrado que os intimidadores muitas vezes desenvolveram atitudes e crenças negativas a respeito dos outros. Podem ter sido rejeitados por seus colegas durante a infância. (Cook, 2010)

Tivemos um aluno da 4ª série, Brian, que fora transferido de uma escola para outra por causa de seu comportamento violento. Ele era de baixa estatura e esperto. Eu recebi um relatório do diretor dizendo que o menino dava rasteiras nos colegas no corredor, amarrava suas mochilas firmemente nas cadeiras, e fisicamente feria aqueles de quem não gostava. *Bullying* puro e simples. Eu sugeri ao diretor que gostaria de conversar com ele.

Brian estivera conosco durante vários meses e tinha experimentado o ambiente escolar e o modo como era tratado pelos professores. Assim, a primeira pergunta que lhe fiz foi, "Brian, você gosta de estar aqui no Golden Link?" Ele olhou para mim

---

13 Idem nota 10. (Nota Ed. Bras.)

e de imediato sacudiu a cabeça afirmativamente. “Mas não poderemos deixar você permanecer no Golden Link se você continuar machucando outros alunos”. Ele não respondeu. “Ficaremos felizes em deixar você permanecer no Golden Link, mas você precisa prometer que não mais irá machucar os outros. Está disposto a prometer?” Ele olhou para mim novamente, e sacudiu a cabeça afirmativamente. Eu então lhe mencionei coisas específicas que ele fizera, e lhe perguntei se ele prometia não mais fazer aquelas coisas. Ele prometeu. Assim, eu lhe disse que iria pedir aos professores para me informar regulamente a seu respeito. Ele concordou com a cabeça.

Nas duas semanas seguintes perguntei, regularmente, aos seus professores como Brian estava se comportando. Seu orientador de classe disse com um sorriso que ele não havia mais manifestado qualquer comportamento violento ou intimidador. Então, certo dia, encontrei Brian no corredor. Eu o abracei e o parabenizei, dizendo-lhe que os professores estavam muito felizes, porque ele não tinha machucado ninguém. Eu lhe perguntei, “você conseguiu manter a promessa?” Ele prontamente respondeu, “Sim, exceto uma vez quando bati no rosto de meu colega”. Surpreso, eu perguntei, “quem é este colega?” Ele apontou para um menino muito maior do que ele que estava a alguns metros de distância. Assim, chamei o menino e lhe perguntei, “Brian lhe bateu no rosto?” Ele ergueu as sobrancelhas e disse, “não, Brian não me bateu”. A esta altura havia muitos alunos que nos tinham cercado, ouvindo este drama. Eu me virei para Brian, “você disse que havia batido no rosto dele”. Ele respondeu, “eu estava pensando em bater no rosto dele, mas não o fiz”.

Eu abri um largo sorriso, abracei Brian e o parabenizei mais uma vez pelo seu autocontrole. Eu então o elogiei diante dos demais alunos. Durante o resto do ano, nunca ouvi falar de outro incidente envolvendo Brian. Eu conversava com ele sempre que o via no campus.

Infelizmente, ao final do ano escolar, a família transferiu Brian para outro estado e nós não mais o vimos. Jamais o esqueci, e espero que sua breve estada no Golden Link tenha criado uma reviravolta em sua jovem vida.

O ambiente e a cultura escolar podem transformar o comportamento intimidador de um aluno. Quando um estudante é apreciado, amado e cuidado, a motivação psicológica para intimidar os outros diminui e se transforma em relacionamento, comportamento e atitudes positivos, que devem ser acompanhados pelo processamento de autopercepção de memórias dolorosas passadas para liberar e remover os "botões de pressão" que disparam a agressividade. (Hao Chin, 2017)

Nenhuma pessoa feliz terá qualquer inclinação para intimidar os outros. Aliás, ela tenderá a fazer o exato oposto — ser útil e cortês para com todos. Professores, alunos e toda a comunidade escolar podem prover um ambiente que fará os jovens se afirmarem, sentirem-se valorizados e apreciados. Numa cultura assim, nenhum valentão se desenvolverá ou prosperará.

Falta de Motivação. Algumas crianças são passivas ou desafiadoras. Elas podem ter baixos níveis de energia (o que pode ser corrigido) ou elas estão apenas manifestando um padrão de reação condicionado em relação aos adultos ou autoridades, padrão esse que foi formado por causa de técnicas inadequadas de criação dos filhos. Nesse caso o professor precisa atender tanto aos alunos quanto aos pais. Os alunos devem ser tratados com paciência porque uma atitude coercitiva apenas reforçará sua mentalidade resistente. Ao mesmo tempo, a escola deve reunir-se com os pais e discutir as possíveis origens de tal comportamento, e como o ambiente doméstico pode ajudar a mudá-lo.

Quando possível, a escola não deve expulsar a criança, salvo quando o comportamento já estiver afetando a segurança e o bem-estar de outros alunos, que precisam ser protegidos. Todo esforço deve ser feito para ajudar a criança a vencer o comportamento autodestrutivo ou antissocial na escola. (Esta atitude é semelhante aos pais sendo infinitamente pacientes com seus filhos, não os pondo para fora de casa apenas porque são repetidamente "malcriados"). Se a escola não conseguir ajudar certas crianças, elas provavelmente serão tratadas de maneira pior, seja pelos pais ou por outras escolas. Se possível essas crianças devem permanecer num ambiente saudável, mesmo se não conseguirem recuperar academicamente, ao invés de sofrerem mais rejeição em outra parte, o que pode às vezes condená-las pelo resto de suas vidas.

Castigo Corporal. Algo deve ser dito a respeito do castigo físico. Infligir dor física ou psicológica, que é do que trata o castigo, jamais deve ser usado no lar ou na escola para inculcar disciplina. Além de medo, isto quase sempre cria ressentimento nas crianças. Esta reação frequentemente terá efeito contrário sobre os pais ou professores no futuro. Não se pode amar uma criança e ao mesmo tempo deliberadamente lhe infligir dor. A tendência de punir fisicamente se deve quase sempre a ira e frustração entre os adultos. Infligir dor pode temporariamente refrear o comportamento, mas muitas vezes não conseguirá evitar sua repetição. Em alguns países, o castigo físico é contra a lei, mas em outros ainda é a norma. Entre os países cristãos, isto é, às vezes justificado por uma frase no Velho Testamento que diz, "criança mimada, criança estragada", uma afirmação que não é verdadeira porque inúmeras crianças não apanham e não são estragadas!

Crianças e jovens sentem-se oprimidos, violados ou impotentes ao serem feridos fisicamente por pais ou professores, que são maiores ou mais fortes do que eles. Seu ressentimento pode afundar, deteriorar e destruir permanentemente o respeito e a apreciação que deveriam naturalmente sentir pelos pais ou professores. O que pais e professores devem fazer é explicar à criança, sem raiva, por que o comportamento foi errado ou prejudicial, e por que não deve ser repetido. As crianças são muito racionais e aceitarão uma explicação confiável. Isto funciona desde que os pais sejam confiáveis. Quando os mais velhos foram injustos ou pegos mentindo a respeito de coisas do passado, então sua credibilidade sofre, e suas explicações tornam-se menos eficazes.

USANDO CONSEQUÊNCIAS EM VEZ DE CASTIGO

As regras devem ser implementadas em termos de causa e efeito, e não de raiva e frustração. Se as crianças quebram algo, então que saibam que elas ou seus pais terão de pagar pelo objeto. Se o dinheiro puder ser retirado da mesada das crianças, ou se elas são obrigadas a realizar uma tarefa para ganhar o dinheiro necessário, então elas mais prontamente compreenderão a natureza de causa e efeito de seu comportamento. As consequências não devem se duras, injustas ou cruéis. Devem ser razoáveis e proporcionais à transgressão. A implementação de uma consequência deve sempre ser acompanhada de uma afirmação do valor da criança, isto é, que ela ainda é amada mesmo que o professor ou seus pais desaprovem seu comportamento. Esta percepção de ser amada é muito importante.

Mostrar desaprovação por causa de uma ação ou comportamento não significa que os professores ou administradores não mostrarão nenhuma reação negativa. Se os professores se sentem desapontados com o comportamento dos alunos, eles podem demonstrar e devem dizer aos alunos como se sentem. Eu soube de um professor que chorou diante da turma de tanta decepção. Os alunos sentiram-se tão tocados que se desculparam profusamente com o professor, prometendo não praticar a ofensa novamente, uma promessa que eles mantêm.

Dizer aos alunos que se está desapontado ou infeliz com seu comportamento é diferente de repreendê-los ou intimidá-los. Quando o professor é amado pelos alunos, eles tenderão a responder favoravelmente a tal *feedback* e tentarão não fazer coisas que tornarão o professor infeliz. Os professores, porém, não devem usar os sentimentos para deliberadamente manipular o comportamento da criança. Tal manipulação é diferente de uma honesta expressão de desapontamento. Alguns pais e pessoas mais velhas gostam de usar táticas emocionalmente manipuladoras, tais como: "Coma tudo, ou a mamãe não vai mais gostar de você". Esses tipos de abordagens são psicologicamente danosos e refletem uma criação perniciosa. É uma maneira estranha de lidar com a criança criando problemas. Professores não devem copiar estes métodos coercitivos.

A distinção entre castigo e implementação de consequências é importante. Permitir que o aluno enfrente as consequências é uma medida educativa e não punitiva. Castigar implica infligir dor ou ferir o transgressor. A palavra dor deriva da palavra grega *poena*, que é também a origem das palavras penalidade e castigo. O motivo subjacente da educação é amor e carinho, e não infligir dor. É reformar e não se vingar ou retaliar.

Ao determinarmos consequências para as ações, precisamos reconhecer os níveis de implementação:

a) Diretrizes gerais para toda a escola sobre transgressões e consequências. Estas estão escritas e são conhecidas por todos os professores, administradores, funcionários e alunos.

b) Decisões em sala de aula sobre as consequências de comportamentos estudantis extraordinários. Estas são situações específicas que exigem avaliação e julgamento individual pelos professores ou administradores e que variam de pequenas questões, como não realizar as tarefas de sala de aula, a questões maiores como roubo ou comportamento violento. Estas situações não podem ser postas num manual por causa de sua variedade. Os professores ou administradores devem confiar na sabedoria e criatividade que possuam.

Ao modificar comportamento nocivo através das consequências, é importante anotar o seguinte:

1. Os professores devem estar intensamente conscientes de qualquer sentimento dentro deles de serem ofendidos, magoados ou aborrecidos. A partir de tais sentimentos surge o impulso para retaliar ou castigar, e o motivo mais profundo não é mais reformar, mas retribuição — “olho por olho”. A ação punitiva busca mais satisfazer uma necessidade emocional interior do que produzir mudança. Uma atitude afetiva, por outro lado, é diferentemente orientada, ou seja, busca a melhoria do estudante e não a de aplacar a necessidade do ego.

2. A consequência deve estar logicamente ligada ao comportamento nocivo para que o aluno entenda a sua razoabilidade. Crianças que estejam machucando ou incomodando outros alunos na sala de aula podem ser requisitadas a saírem da sala ou serem separadas dos outros, após o que o professor ou administrador conversará com elas a respeito do comportamento. Será vantajoso (mas não necessário) se a separação for sentida como desagradável pela criança (ao perder as lições ou histórias interessantes, por exemplo) de modo que haja uma motivação adicional para não repetir o comportamento indesejado. Castigar crianças, digamos, retendo-as após as aulas durante duas horas será sentido como castigo (a não ser que a retenção seja com o propósito de conversar sobre o incidente).

3. Deve-se fazer o aluno transgressor entender por que o comportamento foi indesejável. Este é um fator importante com o qual muitos professores não se preocupam. Para efetuar mudanças genuínas nos alunos, eles devem entender a natureza e as implicações de seu comportamento prejudicial, isto é, por que o que fizeram não foi construtivo e aceitável. O propósito da ação disciplinadora não é simplesmente parar uma ação, mas desenvolver o caráter.

4. Os alunos devem reconhecer que apesar da desaprovação do comportamento em questão os professores estão do seu lado. Eles devem sentir o amor e o carinho dos professores e entender que as consequências indesejáveis não são devido à ira ou vingança, mas uma ação necessária que, se possível, nem mesmo o professor iria querer que acontecesse. Isto foca a atenção sobre o comportamento do aluno e não sobre a reação ou personalidade do professor.

Um dos efeitos importantes de uma abordagem disciplinadora usando as consequências é o aprimoramento da compreensão e apreciação que os alunos têm da lei de causa e efeito. Eles verão que o que lhes acontece é o resultado do que fazem. O mundo não é um ambiente caprichoso. É governado por uma consistente lei de ação e consequência. Quaisquer que sejam os efeitos que os estudantes desejem na vida, eles devem primeiro produzir as causas apropriadas. No Oriente, isto é chamado de lei do *karma*. Stephen Covey dá a ela o nome de lei da fazenda — você colhe somente aquilo que plantou. O Novo Testamento diz isto da seguinte maneira: "Tudo que o homem semear, isso também ceifará". (Gal. 6:7)

O *insight* a respeito da soberana lei de causa e efeito é importante porque ajuda a formar a filosofia de vida dos alunos. Eles compreendem que podem cuidar de seus destinos em vez de apenas serem vítimas de seus condicionamentos passados ou das influências externas atuais.

15 O currículo principal

Todo sistema educacional deve discutir sobre o que constitui a base de seu currículo. O conhecimento humano é tão vasto que não faz sentido tentar abranger tudo. Alguns temas escolares são de vital importância, tal como proficiência em linguagem; outros são secundários, tal como trigonometria.

O currículo principal deve permitir ao aluno adquirir a base necessária para os aspectos essenciais do viver. O assunto a ser aprendido deve ser útil na vida e será relevante em qualquer carreira que o aluno possa escolher posteriormente. O que é relevante e o que não é depende do assunto e da faixa etária. Por exemplo, o conhecimento de contabilidade pode ser útil para estudantes do nível médio, pois é útil para as finanças pessoais e familiares. Mas contabilidade analítica é um campo especializado que deve ser oferecido apenas aos estudantes que escolherem, como carreira, a contabilidade ou o gerenciamento. A apreciação da arte é útil para alunos de qualquer idade, mas habilidades especiais tais como desenho com carvão ou pintura a óleo devem ser opcionais no sentido de que o aluno pode tornar-se proficiente em aquarela, mas não em desenho com carvão. Essa falta de habilidade não afetará fundamentalmente sua eficácia posteriormente na vida, porque desenho com carvão ou pintura a óleo podem ser aprendidos mais tarde como competências especializadas, uma vez que a capacidade para apreciar arte for estabelecida.

Ao considerar o currículo principal, devem ser considerados essenciais:

- Competências para a Vida
- Linguagem
- Matemática
- Ciência
- Ciências Humanas
- Ciências Sociais

1. COMPETÊNCIAS PARA A VIDA

Competências para a vida referem-se a habilidades no viver, independentemente da carreira escolhida. São necessidades absolutas e são, aliás, mais importantes do que competências acadêmicas. Enquanto aprendemos linguagem e ciência de maneira metódica, as competências para a vida são muitas vezes transmitidas de forma esporádica, às vezes bem-sucedidas, às vezes não. Uma boa escola deve sistematicamente poder preparar um ambiente e um programa de exposição que alimentarão essas competências, que devem incluir o seguinte:

- Relacionamentos efetivos
- Autopercepção
- Autodomínio
- Saúde física e aptidão
- Interesse em aprender
- Entusiasmo

- Positividade
- Otimismo
- Caráter
- Pensamento crítico
- Criatividade
- Assistência
- Voluntarismo
- Responsabilidade social
- Etc.

A pessoa com essas competências e qualidades tenderá a ser mais eficaz na vida e mais feliz. Seu desenvolvimento sistemático deve ser parte do currículo.

No Golden Link College, os alunos da sétima série em diante aprendem a estarem cientes de suas mágoas, ressentimentos, traumas, medos, etc. Eles são ensinados a "processar" esses padrões de reação por meio de botões de pressão e, em muitos casos, a extingui-los. Por volta da 11ª série eles passam por um sistema de pré e de pós-autodiagnose de seus conflitos externos (família, irmãos, escola, seus pares, parentes, etc.) e como são afetados internamente (medo, depressão, ira, estresse, etc.). Isso é também parte do currículo acadêmico terciário. Todos os anos os alunos relatam abertamente a respeito das significativas mudanças de vida por que passaram. Nós, o corpo docente e administradores, observamos e de forma independente confirmamos tais transformações em suas personalidades e comportamentos.

As competências de vida são complexas, sutis e não são fáceis de ensinar. Os professores devem, por eles mesmos, ter adquirido uma percepção genuína do valor dessas competências e com elas ter tido experiências.

2. LINGUAGEM

Na vida, a pessoa deve adquirir competências básicas, particularmente em linguagem e matemática. Estes devem ser os alicerces de um currículo escolar.

Competência em linguagem é uma habilidade básica e extremamente importante. É a base da comunicação e do relacionamento humano. Os indivíduos que se saem mal nesse aspecto frequentemente têm baixa autoestima. As habilidades em linguagem, particularmente no vocabulário, têm também correlações com os níveis de inteligência conceitual. A boa competência em linguagem é também a base do amor pela leitura, que é um portal para um universo inteiro de conhecimento e maravilha.

O desenvolvimento da habilidade em linguagem deve começar desde os primeiros anos de escola, ou seja, maternal e jardim de infância. A chave é a exposição, o exercício e as constantes repetições. As crianças aprendem a falar idiomas, de forma correta, mesmo sem conhecer as regras de gramática. Elas precisam apenas ouvir continuamente a língua falada, correta e regularmente, repetir frases e sentenças, previamente aprendidas. Para isso é preciso que os professores falem a língua, com proficiência, e engajem as crianças de forma ativa na conversação — uma interação bilateral, não apenas do professor para o aluno.

As habilidades, quando ensinadas com eficácia, alojam-se profundamente no subconsciente e são difíceis de modificar. Por essa razão, devem ser aprendidas de forma correta na idade mais precoce possível. Imigrantes adultos frequentemente acham difícil aprender a falar o idioma de sua nova pátria como um nativo, sobretudo a pronúncia, o ritmo e a estrutura da frase. Eles misturam a nova língua com a sua própria, produzindo um tipo peculiar de linguagem dialética que pode ser facilmente identificada, por exemplo, japonês-inglês, inglês-chinês, inglês-espanhol. Por outro lado, seus filhos que crescem no novo país aprendem a língua perfeitamente como um nativo.

Uma segunda língua pode ser introduzida cedo, mas de um modo vivo e dinâmico, e não de uma maneira acadêmica seca. O propósito de se aprender um segundo idioma é, principalmente, o de se engajar em uma conversação prática, bem como na leitura e na escrita. A escola deve prover um ambiente onde os alunos possam frequentemente conversar no idioma.

O conhecimento de gramática, que vem depois, é secundário à real proficiência em falar e usar a língua.

3. MATEMÁTICA

A competência em matemática é tanto uma habilidade necessária na vida quanto uma base excelente para o pensamento correto e lógico.

Muitas vezes, eu me surpreendo, fico triste e e alarmado quando entrevisto candidatos a professores que não sabem como multiplicar e dividir números de vários dígitos. Eles prontamente recorrem às calculadoras de seus telefones. Sequer notam os erros gritantes que cometem porque não são capazes de fazer estimativas mentais aproximadas. Muitos pequenos empreendedores que possam ter alguma fobia com matemática frequentemente não saberão como determinar se o seu negócio está dando certo ou não, ou podem de repente ficar sem dinheiro e incapazes de comprar novos produtos para venda. Os pais não fazem um simples orçamento para gerenciar as finanças. Eles terminam tendo de pedir dinheiro emprestado de agiotas e se encontram em buracos financeiros mais profundos.

A matemática também desenvolve maior habilidade de raciocínio. A álgebra, por exemplo, apresenta ao aluno um nível mais elevado de abstração, enquanto a geometria afia as habilidades lógicas. A trigonometria e o cálculo podem ser dados no ensino médio como matérias introdutórias, mas não precisam ser ensinadas com o mesmo rigor como àqueles que estão fazendo cursos de engenharia ou física.

4. CIÊNCIAS

As ciências introduzem os alunos na aquisição de conhecimento através de meios científicos. O uso do método científico permite-nos ter certeza a respeito da qualidade de uma hipótese ou sistema de crença. Isto é importante porque as culturas do passado dependiam muito da autoridade e da religião para o conhecimento da Natureza e do Cosmos. Assim, as pessoas aprendiam que o sol e os planetas giravam em torno da Terra, que os seres humanos eram feitos a partir de um coágulo de sangue, ou que o mundo foi criado em 4004 a.C. Com o advento da ciência, estas falsas concepções foram corrigidas. Mas é difícil mudar a tradição. Atualmente existem milhões de pessoas que acreditam que a história do Gênesis sobre a origem do mundo e dos seres humanos é a verdade literal, não sabendo que a Igreja Católica, por exemplo, há muito reconheceu fósseis de dinossauros como prova de que répteis gigantescos existiram há bilhões de anos.

A ciência também introduz o aluno a um conhecimento geral das principais ramos áreas, tais como biologia, física, astronomia e química. O estudo dessas matérias deve ser tão prático quanto possível para que os alunos apreciem sua utilidade. Eles devem ser encorajados a fazer experiências reais, construir aparelhos que demonstrem os princípios que aprenderam, ou fazer exposições de pesquisas que empreenderam. Os assuntos devem ser interessantes, interativos e relevantes.

5. CIÊNCIAS HUMANAS

Essas incluem história, artes, literatura, filosofia, jurisprudência e o estudo de religião comparada. As ciências humanas lidam com valores humanos fundamentais, coisas que valem a pena buscar na vida. Os alunos devem desenvolver uma apreciação como também uma compreensão do motivo desses valores serem importantes.

Algumas escolas não dão muita importância às ciências humanas. Elas são consideradas especulativas, teóricas e não muito relevantes para a vida diária. Essa é uma visão estreita. Essas ciências nos dão uma visão de vida mais ampla e mais profunda, uma compreensão do que faz a vida valer a pena. Elas não são meramente assuntos acadêmicos onde são levados em conta somente os resultados das provas. Devem ser ensinadas aos jovens para que eles descubram os valores que dão significado duradouro às suas próprias vidas.

A literatura, por exemplo, é uma maneira criativa de compreender a situação humana. É a filosofia e o *insight* psicológico expressos em prosa e poesia. A própria filosofia é a tentativa direta de compreender algumas das questões mais básicas e profundas da existência humana. Ela busca encontrar o que é a verdade, o que é real e o que é ilusório.

Religião comparada é uma pesquisa das várias crenças da humanidade, compreendendo suas disparidades e o que têm em comum. Alguém que tenha estudado religião comparada, objetivamente, deixará de ser intolerante e terá uma mente mais aberta a respeito das crenças sinceras dos outros. A exploração do misticismo das religiões do mundo nos permitirá ver sua unidade básica.

A história ajuda-nos a aprender a partir do nosso passado. Não temos de repetir os erros de séculos passados. Por exemplo, por que devemos aprender a respeito da Reforma? É um período da história onde aprendemos a respeito do abuso dos poderes da religião, e por que as religiões não podem alegar ter o monopólio absoluto da verdade. Muitas pessoas não estão conscientes destas lições do passado e não estão vigilantes a respeito do perigo atual dos abusos das religiões. Aprendemos por que é importante haver separação entre Igreja e Estado.

6. CIÊNCIAS SOCIAIS

As ciências sociais são aqueles campos do conhecimento que lidam, tanto com a sociedade humana e a sua dinâmica, como também com os relacionamentos entre os indivíduos. A Natureza e os problemas da sociedade afetam-nos tanto que os indivíduos devem tornar-se perceptivos de seu papel e responsabilidades no progresso e evolução da sociedade. Assim, precisamos entender a ciência política, como governar a nós mesmos, bem como a economia, que nos ajuda a entender os fatores que afetam emprego, renda, inflação e progresso econômico. Existem muitos outros campos das ciências sociais, mas são menos críticos do que estes dois campos. Muitas pessoas, por exemplo, são indiferentes à política, pensando que não podem fazer muito a respeito do que fazem os líderes do governo. Elas não entendem que os governos são eleitos pelo povo e são influenciados pela opinião pública. Cidadãos cultos são a chave para uma sociedade culta.

O currículo básico é composto dos campos de conhecimento com os quais o indivíduo coerente deve estar familiarizado para tornar-se eficaz como ser humano e como membro da sociedade. Para o Ensino Fundamental[14], o objetivo de aprender é a familiarização com o assunto e sua importância para a vida humana. Onde for necessário aprender detalhes para poder aplicá-los, tais como memorizar a tabuada de multiplicação ou saber como lidar com o medo, então as metas do aprendizado devem incluir tais habilidades específicas. Quando o assunto simplesmente exigir conhecimentos gerais, tais como as histórias de países ou épocas, então a meta dos professores é a familiarização com eventos ou fatos importantes e a compreensão de sua importância. O propósito da educação, precisamos repetir, é nutrir as pessoas para poderem viver uma vida significativa, produtiva e feliz, como também poderem ajudar a construir uma sociedade humana que será pacífica e harmoniosa.

14 No Brasil o ensino fundamental compreende a fase do 1º ao 9º ano e atende crianças dos seis aos 14 anos de idade. (Nota Ed. Bras.)

16 Sobre a inteligência

É evidente que uma das funções da educação é o desenvolvimento da inteligência no aluno. Inteligência é uma capacidade difícil de definir, mas ao mesmo tempo não é difícil de reconhecer.

Em 1994 um grupo de peritos de várias universidades em três países assinou uma declaração que definia e explicava o que é inteligência. Foi publicado no *Wall Street Journal*:

> Inteligência é uma capacidade mental muito generalizada que, entre outras coisas, envolve a habilidade para raciocinar, planejar, resolver problemas, pensar de modo abstrato, compreender ideias complexas, aprender rapidamente e aprender a partir das experiências. Não é apenas o aprendizado livresco, uma estreita habilidade acadêmica ou habilidade para fazer testes. Antes, reflete a capacidade mais ampla e mais profunda para compreender o ambiente que nos cerca — "entender as coisas" ou "saber" o que fazer. (Gottfredson, 1997)

Um dos elementos indispensáveis da inteligência é a habilidade para entender ou apreender a essência das coisas — consequentemente a capacidade para abstração. É também a habilidade para aplicar o conhecimento às situações que se enfrenta, como também a habilidade para unir novas ideias a fim de obter novos *insights*.

Exploremos isto um pouco mais profundamente.

Compreendendo as Essências. As coisas têm suas aparências externas e suas essências. Retornando ao exemplo usado anteriormente nesse livro, uma mesa tem quatro pernas e um tampo. O que dizer de uma grande rocha com um tampo achatado, mas sem pernas? Será uma mesa? Por meio de tais inquirições começamos a entender o que é "ser mesa", ou as qualidades essenciais que fazem de uma mesa ser uma mesa. Esta é uma abstração que vai além da percepção e nomeação de objetos. Tais *insights* são as bases das descobertas matemáticas, filosóficas e científicas.

Uma capacidade assim permite à pessoa enxergar questões mais profundas na vida. Pergunta-se não apenas sobre como ganhar a vida, mas vai-se além, "*por que* temos de ganhar a vida? O que significa viver? Que tipo de trabalho poderia dar verdadeiro significado à minha vida?"

Uma inteligência assim, portanto, requer a capacidade para ir além de certo nível de percepção, discurso ou investigação, e entender as coisas a partir de um ponto de vista "mais elevado" ou "mais profundo". Significa também autopercepção, tornar-se perceptivo dos processos do pensamento e da compreensão pessoal — metacognição. Assim, quando se tem um preconceito subconsciente ou padrões habituais de pensamento que são autolimitantes, a pessoa nota.

Liberdade. Portanto, uma qualidade essencial da inteligência é um senso de liberdade interior produzido pela autopercepção e pela ausência de suposição não questionada e autolimitante. As pessoas que têm medo de serem criticadas, relegadas ao ostracismo, condenadas ou castigadas são aquelas que não ousarão explorar coisas novas que divirjam da cultura dominante. As pessoas que identificam suas opiniões com sua reputação ou ego tenderão também a não mudar de ideias. Elas não irão querer mostrar que estão erradas, resultando numa tendência subconsciente de estarem na defensiva, em vez de serem abertamente exploratórias.

Criatividade. Um ramo da liberdade é a criatividade, a habilidade e coragem para explorar novos aspectos de uma ideia e tentar novas possibilidades. Criatividade inclui a capacidade para ver elos entre diversas coisas ou criar tais elos. É uma mente que é tanto expansiva quanto interativa.

Energia. Buscar os múltiplos ângulos de uma questão de modo inteligente e criativo exige energia. Uma mente preguiçosa é incapaz de sustentar sua atenção e consequentemente para na superfície das coisas. Uma mente sonolenta não consegue sequer pensar. Esta energia é o alicerce da curiosidade natural — uma mente que não se satisfaz facilmente com o que é óbvio. O fluxo de energia para o cérebro pode ser nutrido e desenvolvido enquanto se é jovem através de repetida atividade mental. Isto cria novas conexões e passagens neurais no cérebro que tornam possível o pensamento expansivo.

A energia mental é drenada por vários fatores físicos ou psicológicos. Quando a pessoa está constantemente temerosa ou zangada, a energia da consciência é sugada por essas emoções, e por isso menos energia fica disponível para o uso da mente pensante. O desenvolvimento da impessoalidade ajuda na conservação dessa energia. Impessoalidade não é a mesma coisa que indiferença ou desinteresse. Pode-se ser impessoal e ainda ser impetuoso a respeito de alguma coisa.

Aplicação. A inteligência, na vida prática, também exibe a capacidade de ver a relevância e aplicação de ideias aos afazeres da vida humana e da sociedade. Um matemático teórico pode ser capaz de concepções abstrusas, um traço que associamos a um alto QI. Mas seu casamento pode estar se desfazendo devido à sua inabilidade de enxergar além dos estreitos confins da especulação matemática. Em tal caso, sua inteligência é limitada.

SABEDORIA E INTUIÇÃO

Quando a inteligência é vista desta maneira muito mais ampla, ela emerge com o que chamamos de sabedoria. Sabedoria é a capacidade de avaliar uma situação a partir de uma perspectiva mais profunda ou mais elevada — incluindo valores morais ou princípios básicos da vida. Enquanto a racionalidade é um processo de ser lógico, a sabedoria acrescenta julgamentos de valor baseados numa compreensão mais profunda da existência humana.

Verdadeira sabedoria implica o despertar da faculdade de intuição. A intuição transcende as faculdades racionais da mente. Da mesma maneira que a mente pensante é superior às emoções na medida em que a primeira é capaz de perceber algo além das emoções, assim a intuição consegue ver realidades mais profundas através de uma faculdade mais elevada do que a razão.

Plotino dá a isto o nome de pensamento não discursivo. Os sábios orientais chamam-no de *prājña*. É semelhante à "inteligência existencial" na teoria das múltiplas inteligências — a faculdade de ser capaz de sondar as questões fundamentais da vida e da existência humana.

CULTIVANDO A INTELIGÊNCIA

Podemos falar de dois níveis de inteligência. O primeiro é o que chamamos de eficiência funcional do cérebro. O segundo tem a capacidade para o discernimento, sabedoria e intuição.

A inteligência funcional é o produto de treinamento e exposição. Quando as crianças têm uma boa base em matemática, elas conseguem resolver mentalmente problemas práticos de matemática na vida diária. Geralmente são percebidas como sendo inteligentes. Aqueles que são treinados em consertar coisas mecânicas são considerados inteligentes.

O segundo tipo de inteligência é uma faculdade mais sutil que requer um nível de maturidade mais elevado e a ativação das camadas mais abstratas do pensar. Existe clareza quanto a valores e princípios éticos, uma compreensão mais ampla e mais profunda das filosofias de vida, e a percepção do próprio condicionamento e tendências. Essa capacidade é em grande parte inata, isto é, algo trazido de vidas prévias. A maioria das pessoas não pensa a respeito destas coisas. Elas apenas reagem às demandas diárias do ambiente. A inclusão no currículo do Ensino Fundamental e Ensino Médio de temas como filosofia e pensamento crítico ajudará a nutrir esse nível mais elevado de inteligência.

O ambiente intelectual em casa e na escola influencia o despertar da inteligência. Os hábitos e as atitudes da sociedade convencional geralmente não são propícios ao desenvolvimento dessas faculdades, porque se preocupam com a preservação de ordens, costumes, tradições e valores sociais estabelecidos, etc. Quando diariamente as crianças ouvem em casa e na escola comentários que reafirmam a primazia de costume e valores societários predominantes, elas inconscientemente os aceitam sem questionar, a não ser que esses costumes privem a criança de algo importante para ela. No último caso, ela se sente compelida a questionar e se rebela contra os valores prevalecentes.

Faz parte de nossa natureza perguntar "o quê?", "como?" e "quando?" porque precisamos conhecer o mundo em que vivemos. É preciso inteligência para perguntar, "por quê?" Esta é a pergunta mais difícil de ser respondida.

Por que precisamos ir à escola? Por que precisamos estudar geometria? Por que precisamos ser bem-sucedidos? Ou ser ricos? Ou casar?

Muitos adultos, inclusive professores, não estão prontos para responder a essas perguntas. Eles podem até mesmo sentir-se ofendido por tais indagações. Os professores podem sentir que os alunos estão questionando ou desafiando sua autoridade quando perguntam por que devem estudar um determinado assunto. Mas tanto professores quanto alunos devem querer explorar estas questões, mesmo que as respostas não sejam claras no início.

De muitas maneiras, portanto, o indivíduo verdadeiramente inteligente e criativo muitas vezes rompe com os costumes e as tradições, e por isso representa uma ameaça à sociedade. Para a sociedade comum, portanto, uma escola verdadeiramente boa pode não ser bem-vinda. A escola ameaça ou rompe aquilo com o que se está familiarizado. O padrão dos valores e modos de se fazer as coisas são questionados. As pessoas comuns não estão preparadas para tais mudanças. Elas se sentem inseguras.

Os administradores e professores precisam pensar profundamente sobre estas questões e, mesmo que não saibam as respostas para as perguntas, devem sentir-se prontos para explorá-las com os alunos como companheiros de busca. Somente desta maneira terão a autoconfiança para enfrentar a sondagem sincera de questões sem se sentirem ameaçados.

Os professores devem discutir essas coisas na sala de aula de um modo socrático, isto é, permitindo aos alunos discutirem, discordarem e debaterem entre si, e nos momentos oportunos, apontar possíveis contradições ou falácias de pensamento, ou oferecer dados adicionais dos quais os alunos podem precisar estar cientes. Os professores devem evitar dar respostas prontas para as perguntas, porque tais declarações autoritárias põem fim à exploração e à discussão. Os alunos devem sentir que existe um espírito de verdadeira liberdade na troca. Não devem sentir que podem ser menosprezados ou penalizados por darem uma opinião "errada" ou por discordarem do professor. Mantenha a discussão num nível impessoal, e não deve ser uma questão de provar que um professor ou um aluno esteja certo ou errado.

A escola precisa cultivar ambos os níveis de inteligência, tanto a funcional como a existencial ou filosófica. O treinamento do professor torna-se essencial, uma vez que muitos educadores não tiveram contato com níveis mais sutis de investigação.

17 Aspectos vitais da educação

Existe um aspecto "vital" na educação o qual muitos professores frequentemente não enxergam. Diz respeito à relevância para a vida não apenas das matérias de estudo, mas também ao modo do professor ensinar. A cegueira para este aspecto vital intensifica-se quando os professores se sentem compelidos a terminar a matéria a ser ministrada, e começam a pressionar os alunos para acompanharem as lições segundo um cronograma ou um ritmo predeterminado.

O programa de ensino torna-se importantíssimo, e é despejado sobre os alunos, quer eles entendam e absorvam as lições ou não, quer estejam gostando ou não, quer seja relevante para eles ou não. Em suma, aprender o assunto torna-se mais importante do que a educação pela vida.

LIÇÕES DE VIDA DE CADA PROFESSOR

A cada dia de aula os professores estão transmitindo lições de vida aos alunos, ao mesmo tempo em que estão ensinando história, biologia, matemática, educação física ou qualquer outro assunto. Um professor duro e tirânico está ministrando a lição de que não há problema em se usar táticas de intimidação e opressão quando se tem autoridade. Posteriormente esta atitude pode refletir-se no estilo parental dos alunos depois de eles se casarem, ou no seu estilo de gerenciamento quando assumirem posições superiores.

O modo como os professores falam, o modo como lidam com os conflitos e problemas, o modo como interagem com outras pessoas, seu entusiasmo — todas estas coisas afetam os alunos de muitas maneiras significativas.

ASPECTOS VITAIS DA EDUCAÇÃO

É um triste engano para professores de matemática, por exemplo, pensar que é seu dever apenas deixar que os alunos aprendam essa matéria, e que o temperamento deles é assunto pessoal. Alguns professores também sentem prazer em assustar os alunos com olhares cáusticos e linguajar ameaçador para incitá-los a passar nos exames. Os alunos podem aprender como resolver problemas de trigonometria, mas também adquirem algo mais: medo de autoridade, aversão pelo assunto, ou hostilidade como método de lidar com as pessoas.

A ALEGRIA DE VIVER

Por que muitas escolas são locais infelizes? Além do prazer da amizade, a escola é muitas vezes vista como um lugar de labuta e trabalho penoso. Como prova disso, observem-se as reações dos alunos quando sabem que a segunda-feira seguinte é feriado e não haverá aulas.

Porém, algumas escolas são diferentes. Os alunos anseiam por estar em sala quase todos os dias. Eles sentem um senso de perda ou de ausência quando surge um feriado no calendário!

Em Adyar Theosophical Academy, que é uma escola teosófica, os pais de um aluno do jardim de infância planejaram uma viagem ao estrangeiro com a família durante os dias de aula. A criança recusou-se a ir com eles porque perderia as aulas. No Golden Link College, uma aluna do curso primário certa vez adoeceu e não pôde ir à escola. Ela ligou para a escola pelo menos oito vezes querendo conversar com a professora — não para qualquer assunto urgente, mas apenas querendo falar com sua professora. Ela estava sentindo falta da escola.

A escola não é uma máquina de dar informação. É um segundo lar. Da mesma maneira que o lar deve ser um lugar feliz, toda escola também deve ser um lugar feliz.

Uma das funções da boa escola é que as crianças adquiram a alegria de aprender, de aceitar desafios, de relacionamentos, de superar dificuldades — numa palavra, a alegria de viver em meio aos desafios. Esta é uma capacidade subconsciente que se desenvolve num ambiente salutar.

Esta capacidade para o entusiasmo, o otimismo e a autoconfiança é essencial na vida adulta. Não é uma atitude tipo Poliana, cor-de-rosa, que pode beirar a ilusão. É, na verdade, uma atitude realista e positiva em lidar com os desafios da vida.

A IMPORTÂNCIA DE APRENDER A MATÉRIA

A atitude do professor quanto à matéria que está sendo ensinada influencia o modo como os alunos a veem. Quando o professor não é entusiasmado ou lhe falta paixão, os estudantes tendem a refletir essa atitude. Por outro lado, se o professor se diverte ou mostra convicção profunda a respeito do que está dizendo, então os alunos captam subconscientemente essa atitude.

Certa vez tive uma professora de música na escola primária que nos exigiu memorizar as diferentes teclas (F, G, etc.) e a sequência em que se encontravam (G, D, A, E, B, F#). Tínhamos de saber o que era uma clave de G, uma barra ou um intervalo de quarta, e passávamos ou éramos reprovados conforme conseguíssemos responder às perguntas sobre essas coisas na prova. Lembro-me de que eu estava começando a me desgostar pelo assunto à medida que o semestre ia avançado. Então, certo dia, nossa professora adoeceu e não pôde ensinar. Um professor de matemática a substituiu. Com um sorriso no rosto e um modo entusiástico ele nos levou a cantar alegremente, e depois explicou por que a canção era em ritmo 4/4 ou 3/4. Primeiramente ele tentou transmitir incutir a alegria de cantar e por último o caráter técnico. Embora ele nos ensinasse apenas um ou dois dias, esse professor substituto influenciou-me no meu interesse amador por música. Eu poderia hoje ter desenvolvido desgosto pela música se a tivesse aprendido somente da maneira como a outra professora nos estava exercitando.

Qual é a real importância da música para a vida humana? Para a maioria das pessoas é a apreciação da música, não sua composição ou desempenho. Somente uma pequena percentagem de pessoas precisa dominar cordas, harmonia, teclas e coisas assim.

Existe um aspecto vital no ensino. Não é apenas uma questão de atender às exigências do plano de aula. Conhecer as diferentes chaves musicais é muito menos importante do que desenvolver o amor pela música. Afinal, quantos alunos numa turma de sexto ano eventualmente se tornarão músicos profissionais? Eu preferiria muito mais deixar que eles reprovassem nos aspectos técnicos da música e aprendessem a amar a música, do que passassem nas provas de música e desenvolvessem desgosto por ela.

AMOR PELO APRENDIZADO

O amor de aprender sobre uma matéria é muito mais importante do que aprender fatos ou fórmulas. No primeiro caso, os alunos se tornarão automotivados. No último, tenderão a estudar apenas para passar nas provas e depois estarão prontos para deixar a matéria de lado e esquecê-la assim que o semestre terminar. Esse conhecimento torna-se virtualmente inútil na vida.

Quando os professores estão por demais absortos com o cronograma do plano de aulas, eles tendem a apressar e pressionar os alunos sem os colocar num estado mental favorável para absorverem e aprenderem. Não lhes interessa despender tempo despertando-lhes o interesse. Eles consideram tais esforços como perda de tempo — tempo que poderia ter sido dedicado a cobrir o conteúdo exigido.

Na vida, esse modo de aprender é contraproducente. Os alunos não aprendem como aprender. Eles às vezes desenvolvem aversão, ou mesmo fobia pela matéria. Quando se tornam profissionais, professores ou executivos, eles nutrem complexos de inferioridade quando se trata de campos particulares, tais como matemática, linguagem, ciência, etc.

PERCEPÇÃO DO PROPÓSITO DO APRENDIZADO

Atualmente muitas escolas ainda ensinam as matérias de maneira ridícula. Não apenas os métodos são ineficazes como também podem ser positivamente prejudiciais. A principal razão é a falta de percepção do professor (e provavelmente da escola) a respeito do real propósito da educação e do aprendizado. Eles estão tão mesmerizados pela necessidade de obter boas notas que a meta deles é que os alunos simplesmente passem nos exames, quer tenham aprendido ou não. Isso pode parecer ridículo, mas está acontecendo. Em muitos lugares, a educação escolar ainda é irrelevante para o viver.

Eu estudei num ginásio chinês nas Filipinas onde havia currículos paralelos em inglês e chinês. Os assuntos inglês/filipinos eram satisfatórios e conseguíamos entender as lições. O currículo e os livros didáticos chineses, porém, eram totalmente replicados dos que eram usados nas escolas regulares de Taiwan. Os alunos de Taiwan falam e escrevem em chinês, assistem à televisão e aos filmes em chinês, respiram e sonham em chinês, e, certamente, seus livros didáticos chineses foram projetados para o seu nível de compreensão da língua chinesa. Isso não se aplica às Filipinas, onde quase ninguém fala mandarim em casa (embora muitos usem o dialeto fujiano). Nem um único aluno escrevia letras chinesas. Assim, o conteúdo dos livros didáticos estava além de nossa compreensão e não conseguíamos entendê-los. Sendo assim, o que faziam os professores? Eles escreviam as perguntas e respostas dos testes no quadro-negro para cada matéria, e nos pediam para copiá-las em nossos cadernos. Entendíamos as perguntas e respostas? Não, pelo menos a maioria de nós. Durante a prova, nossa tarefa era responder as perguntas baseados no que copiamos, palavra por palavra. Assim, nossos alunos de honra eram aqueles que eram supermemorizadores, mesmo contando o número de palavras nas respostas prontas para assegurar que eles as tinham reproduzido de modo absolutamente correto nas folhas das provas. E quase sempre eles tiravam notas máximas. Para quê? Para as honrarias e notas. Aprendemos a falar, ler e escrever chinês? A maioria de nós — não!

Como tal coisa podia acontecer?

Isso foi há mais de meio século. O que acontece agora?

Recentemente fui convidado para auxiliar duas escolas na China a melhorarem o curso de língua inglesa, porque os resultados eram deploráveis. Quando terminavam o Ensino Fundamental, os alunos tinham estudado inglês por mais de seis anos, mas quando eu assumi as turmas mais adiantadas, descobri que os alunos mal conseguiam entender ou falar a língua. Eles tinham livros-texto razoavelmente bons. Mas o que eu notei foi que os professores se sentiam obrigados a esgotar todo o conteúdo do livro dentro de um determinado período como preparação para os exames finais. Tanto os professores quanto os alunos estavam imersos no objetivo de passar nas provas, e não em aprender como usar o inglês como segunda língua. Memorizavam respostas para possíveis perguntas. O resultado disso era desastroso. Os alunos desenvolviam a impressão de que realmente não sabiam como falar inglês, resultando em total medo de falar o idioma. O diretor de uma dessas duas escolas disse-me que estudara inglês durante oito anos, mas que não conseguia falar o idioma.

Eles tinham esquecido que crianças de dois a cinco anos de idade conseguiam aprender qualquer idioma em poucos anos, sem qualquer educação formal ou instrução gramatical. Muitos de nós vimos inúmeras crianças falarem uma segunda ou terceira língua fluente e confiantemente por volta dos cinco anos de idade. Assim, por que não conseguiam esses alunos mais velhos aprender inglês após seis ou mais anos de instrução diária? Algo, definitivamente, estava errado. O foco nas provas tornou-se uma barreira ao verdadeiro aprendizado. Eles não estavam aprendendo para a vida. Estavam estudando para as provas.

Vejamos outra matéria: história. Tenho muitos contemporâneos que achavam história um dos assuntos mais maçantes quando estavam na escola, tornando-a uma das menos agradáveis. Era este o curso que mais precisava de memorização de datas, nomes e eventos. Os estudantes eram reprovados na matéria quando não conseguiam fornecer as datas e os nomes corretamente.

Mas história pode ser um dos campos mais fascinantes de estudo. Trata da vida humana e de povos: suas ambições, avidez, realizações, conflitos, esclarecimento e inúmeras outras facetas da vida humana. É uma série de histórias a respeito do drama humano. Aprendemos lições valiosas a respeito dos triunfos e fracassos de indivíduos e grupos, que são de vital importância para o que está acontecendo à nossa volta atualmente.

Por que os jovens estudantes não conseguem se interessar por história, enquanto se interessam pelos contos de fada de Andersen ou pelo destino de Harry Potter? A culpa, receio, é principalmente do professor, e a visão que a escola tenha a respeito de história como matéria. Se o sistema escolar considera história como algo para passar nos exames, então a preocupação é entulhar fatos nas cabeças dos pobres alunos em preparação para os exames. Mas se a história for transmitida como um fascinante drama da vida humana, com anedotas e histórias, então as chances de que os alunos amarão a matéria são muito altas. Eles se sentirão automotivados para investigar, ler e discutir.

Para os alunos da escola de Ensino Fundamento e Médio, desenvolver um genuíno interesse pelo assunto é quase sempre mais importante do que memorizar fatos. As avaliações, certamente, são necessárias para medir a eficácia da abordagem educacional. Mas elas são apenas ferramentas subsidiárias para ajudar na eficácia em educar, e não fins em si mesmas.

18 Treinamento de professores

Os professores são o fator mais crucial para o desenvolvimento coerente do aluno. Portanto, muito esforço e cuidado deve ser dedicado ao seu treinamento.

Os professores levam consigo seus condicionamentos, contradições, botões de pressão, preconceitos, etc. Quando não estão perceptivos destas coisas e não as processaram, dificilmente estarão em condições de ajudar os alunos a resolverem suas contradições. O resultado será a perpetuação do condicionamento prejudicial.

A escola, portanto, deve conduzir uma série contínua de sessões com os professores para ajudá-los a processar os conflitos internos e externos em suas vidas. As sessões devem também ser oportunidades para os professores debaterem sobre suas dificuldades ao lidar com temas e situações de sala de aula.

O ideal é que a escola crie sua própria faculdade de educação para estimular os professores durante pelo menos quatro anos, num ambiente propício a uma abordagem mais esclarecida da aprendizagem, onde todo o corpo de funcionários esteja engajado em crescimento individual. Cada dia é uma oportunidade para aprender algo novo. Uma faculdade assim deve ser dirigida por exemplos vivos da filosofia educacional adotada.

Integração Pessoal. Estarão os professores emocionalmente exaustos ao final do dia? Estarão estressados? Será possível ensinar sem acumular estresse? Estarão os professores enfrentando problemas pessoais que lhes pareçam impossíveis de resolver?

A maioria das empresas e instituições muitas vezes considera o trabalho algo separado da vida pessoal ou familiar. Assim, os problemas do lar não devem ser confundidos com o trabalho. Mas infelizmente a vida não é assim. A vida pessoal dos professores mal consegue ser separada de suas responsabilidades educacionais. A sala de aulas é um reflexo de sua personalidade, maturidade e filosofia de vida. Um professor que esteja constantemente chateado a respeito do relacionamento conjugal estará propenso a ser menos eficaz como professor. A educação está relacionada à vida, e não apenas à física ou química. Consequentemente, se o professor estiver pessoalmente chateado a respeito de algo, então a comunidade escolar deve tentar ajudá-lo na medida do possível.

Da mesma maneira que a escola precisa ensinar os processos de autotransformação ao aluno, deve também estimular e treinar os professores para se conduzirem de maneira eficaz, tanto em suas vidas internas quanto externas. Uma pessoa infeliz dificilmente consegue ser um professor feliz, ou pai ou mãe feliz.

Conforme mencionado num capítulo anterior, os professores devem ser treinados em como lidar com as várias formas de angústia:

- Estresse
- Mágoa
- Medo/Preocupação/Ansiedade
- Irritação/Ira/Raiva

- Ressentimento/Ódio
- Rejeição/Depressão
- Culpa
- Aversão

Logo que tenham aprendido a lidar com estas coisas, então eles saberão como ajudar os alunos a lidar com elas também. Não se chatearão facilmente com as manifestações de angústia entre os alunos, já que reconhecerão estes conflitos internos e não os considerarão como sinais de desrespeito.

Os professores do Golden Link College passam primeiramente por um seminário de três dias sobre autopercepção e autodomínio, incluindo o aprendizado de habilidades de comunicação, relacionamento e meditação, e também como esclarecer os valores da vida e como os integrar na vida diária. Sessões subsequentes durante os encontros semanais de autodesenvolvimento para professores reforçam esse aprendizado.

Entendendo uma Filosofia de Vida mais Ampla. Educação saudável não significa apenas adquirir habilidades em linguagem, matemática ou contabilidade. A escola deve ser uma escola de vida. Os professores precisam ver o propósito maior da verdadeira educação. Qualquer que seja a matéria que ensinem, será a partir da perspectiva dessa profunda visão de vida.

Sendo assim, será útil que o corpo de funcionários tenha sessões regulares de aprendizado sobre filosofia, e um quadro mais amplo da vida. Essas sessões não devem ser conduzidas a partir de um ponto de vista dogmático. Não se deve presumir que uma visão de vida ou religião particular possua a verdade. Conflitos com uma religião particular devem ser apontados, mas não devem impedir as investigações de opiniões contrárias. Por exemplo, a psicologia humanística tem uma perspectiva da vida humana bastante diferente da defendida pelas religiões abraâmicas. Antes de discordarem, os debatedores precisam tentar entender por que alguns psicólogos desenvolveram tais noções.

Discussões a respeito de filosofia, religião ou sistemas de crença devem ocorrer numa atmosfera de liberdade. As opiniões contrárias podem parecer ameaçadoras, mas o espírito de investigação deve ser a busca da verdade, e não uma fiel adesão a um sistema de crença preconcebido.

Atualização de Competências. Outro aspecto do desenvolvimento do professor está na atualização de sua competência na sua área respectiva, quer seja ela física, matemática, linguagem, drama, música, etc. O ambiente escolar deve encorajar um espírito de excelência na área de especialização escolhida dos próprios professores. Para isso uma biblioteca adequada, equipamentos e outros recursos são necessários. Onde for possível, a escola deve encorajar o professor a pesquisar, escrever artigos, fazer apresentações, palestras e atividades semelhantes, incluindo a edição de um periódico interno onde seus artigos possam ser publicados.

Exploração de Abordagens Educacionais. Ao longo dos séculos os educadores vêm descobrindo muitas abordagens criativas para aprender e ensinar que se afastam dos métodos tradicionais. Temos como exemplos os de Maria Montessori, J. Krishnamurti, Rudolf Steiner, A.S. Neill, Rabindranath Tagore, etc., que se baseiam principalmente numa compreensão mais profunda da natureza humana e no desabrochar de nossos potenciais. Escolas e professores devem estar familiarizados com tais metodologias alternativas.

Num capítulo anterior, discutimos o exemplo de um modo eficaz de ensinar e avaliar o progresso dos alunos chamado "avaliação formativa", que dispensa os exames, porque os alunos são avaliados enquanto estão aprendendo. Embora isso já possa ser a norma em alguns países ocidentais, ainda não está difundido na Ásia.

Outro exemplo é o uso de temas, tópicos ou projetos como base de um processo de aprendizagem. Não mais significa apenas estudar as matérias separadamente, mas a investigação de uma questão onde os alunos aprenderão vários aspectos do problema que podem envolver matemática, engenharia, ecologia, política, defesa, e assim por diante. Assim, o conhecimento torna-se uma coisa viva e não apenas um assunto estéril. A Finlândia é uma pioneira audaciosa nessa direção. Estão removendo matérias do currículo e focando em tópicos onde os alunos aprenderão várias habilidades no processo. Dão a isso o nome de projetos ou fenômenos baseados no aprendizado. "Por exemplo, a Segunda Guerra Mundial será examinada a partir da perspectiva de história, geografia e matemática. Ao fazerem o curso 'Trabalhando num Café', os alunos absorverão toda a gama de conhecimento a respeito da língua inglesa, economia e habilidades em comunicação" *(Global Research*, 2017). "Os alunos aprenderão temas transversais tais como a União Europeia — que fundirão elementos de economia, história (dos países envolvidos) linguagem e geografia". (*Independent*, 2015). Este é apenas outro exemplo de como tornar a educação relevante para a vida humana.

19 Educação religiosa

Muitos pais preocupam-se a respeito da educação religiosa de seus filhos, mas frequentemente não entendem que educação religiosa é diferente de educação moral e espiritual. Educação moral refere-se a cultivar nos alunos a apreciação da validade dos valores básicos e ajudá-los a integrar esses valores ao comportamento diário até que se tornem sua segunda natureza. Educação espiritual é a apreciação dos aspectos transcendentes da vida, sem condicionar a mente com dogmas e sistemas de crenças que podem precisar ser desaprendidos posteriormente.

A educação moral e a educação espiritual são benéficas e devem ser encorajadas. Mas as escolas devem ser cuidadosas com o que normalmente é ensinado como "educação religiosa". Esta última geralmente significa orar de certa maneira, aprender histórias bíblicas como verdade literal, ou acreditar em certas ideias de Deus, pecado e salvação. Algumas seitas, particularmente no Cristianismo e no Islã, também abraçam a exclusividade da salvação, isto é, que somente os crentes de certas religiões serão "salvos". Estas são formas de doutrinação que eventualmente confundem as mentes jovens.

Num jardim de infância no qual eu estava envolvido, ouvi de passagem a professora de instrução religiosa (uma antiga freira) perguntando aos alunos em voz alta: "quem acordou vocês esta manhã?" As crianças responderam em uníssono, "Jesus". Evidentemente, é como eles aprenderam a responder a esta professora.

Após a aula eu me aproximei dela e sugeri que seria melhor não dizer às crianças coisas que provavelmente não são verdadeiras. Mencionei o que foi dito por ela naquela manhã. Eu disse que era muito provável que algumas delas tivessem sido forçadas a se levantar por seus pais ou babás, e que poderiam ter-se ressentido muito com isso. Ora, ensinaram a elas que foi Jesus quem as acordou. Primeiro não era verdade e, segundo, as crianças poderiam inconscientemente transferir seu ressentimento de terem sido forçadas a despertar por este homem desconhecido chamado Jesus. A professora tentou justificar, mas educação religiosa não pode ser ensinada com mentiras bem-intencionadas.

Outra professora conta a história de Adão e Eva como nossos primeiros pais. Quando estas crianças crescerem, seu professor de biologia lhes dirá que os seres humanos evoluíram durante milhões de anos a partir de espécies mais primitivas. Em qual deles elas agora acreditarão: na ciência ou na tradição? Geralmente, elas aceitam a ciência e rejeitam a história de Adão e Eva, que somente lhes faz duvidar mais de sua religião.

Na educação religiosa devemos evitar ensinar às crianças coisas que elas eventualmente precisarão desaprender. Se precisarmos contar histórias da *Bíblia*, contemos histórias de bondade, como a do Bom Samaritano. Mas também compartilhemos histórias morais de outras culturas e religiões. Isso evitará o desenvolvimento inconsciente de preconceito contra as religiões fora do ambiente imediato das crianças.

Uma assistente social bem-intencionada mostrou-me seus planos para a educação das crianças em sua comunidade. Um dos principais componentes de seu programa era o estudo da *Bíblia*. Eu lhe perguntei "O que é você planeja ensinar nessas sessões?"

"Bem, as histórias da *Bíblia*".

"Quais você tem em mente?" Ela hesitou e ficou em silêncio durante algum tempo.

Eu perguntei: "Eu estava me perguntando se você leu a *Bíblia*?".

"Na verdade, não... "

"Então por que você vai ensinar isso?"

Havia uma expressão de confusão em seu rosto. Talvez ela estivesse pensando que deveria ser óbvio que seria bom ensinar a *Bíblia* e se perguntando por que eu estava fazendo aquelas perguntas.

"Você ensinaria que nossos primeiros pais foram Adão e Eva?", perguntei.

Ela ficou insegura quanto ao que dizer, pois estava ciente do conflito entre esta visão e as da arqueologia, paleontologia e da teoria evolutiva.

"Você ensinaria", continuei, "que Deus é um Deus ciumento ou alguém que está cheio de ira? Você lhes diria que Noé verdadeiramente colocou todas as criaturas da terra e do ar numa arca numa questão de sete dias? Você lhes diria que eles irão para o inferno para sempre se cometerem aquilo que é conhecido como ‹pecado mortal›?»

Ela entendeu a questão. Assim, eu disse: "precisamos ser muito cuidadosos ao darmos instrução religiosa, particularmente quando baseada na *Bíblia*. O Velho Testamento é um livro cheio de crueldade, injustiça e inconsistência. Se você o lesse, não tenho certeza de que o aprovaria indiscriminadamente. Em vez disso, que tal ensinar construção do caráter? Pegue histórias benéficas da *Bíblia* se quiser, mas seja muito seletiva para que sejam histórias que as crianças não precisarão desaprender posteriormente".

Precisamos aplicar a mesma faculdade de discernimento quando confrontados com a necessidade de ensinar outras escrituras ou escritos, tais como o *Alcorão*, o *Livro dos Mórmons*, *Tripitaka*, os *Contos de Jataka*, etc.

Alguns professores perguntam: o que dizer a respeito de contos de fadas e canções infantis? Significa que não contamos às crianças estas histórias porque são fictícias? Não. Os contos de fadas são contados como contos de fadas, não como fatos históricos. À medida que a criança cresce, não haverá conflito ou contradição envolvido. Mas histórias religiosas são de natureza diferente. Mesmo depois de crescidas, as pessoas são informadas de que essas histórias são factuais, quando na verdade estão simultaneamente sendo ensinadas através da ciência e da história que alguma dessas coisas não poderia ter acontecido.

Falemos às nossas crianças a respeito de bondade, gentileza, consideração e compaixão. Se elas crescem com estas coisas, então tenderão a viver a verdadeira vida religiosa ou espiritual, independentemente de terem sido criadas como Católicas, Batistas, Muçulmanas ou Budistas.

Em suma, os ensinamentos morais e espirituais devem ser não sectários. Devem extrair a natural bondade da criança, não doutriná-las com crenças que dependam de fé cega. Quando atingirem certa idade, estarão prontas para considerar os aspectos mais conceituais ou simbólicos das crenças. Que elas explorem estas coisas com mente aberta e compreensão.

QUE VISÃO DE MUNDO SE DEVE ENSINAR?

Devem os professores ser totalmente neutros a respeito de crenças e visões de mundo? Isso não é possível. Qualquer sistema de educação ou de ensino está necessariamente baseado numa visão do mundo. Em vez de evitar esta questão, devemos enfrentá-la com clareza e sabedoria.

Para mim, a visão de mundo da escola deve ter raízes no que é conhecido como filosofia perene ou sabedoria eterna. É um corpo de *insights* intemporais essencialmente compatíveis com os princípios mais profundos de todas as grandes religiões, sem se confundir com os dogmas religiosos. As premissas incluem o seguinte:

A unidade da vida e a fraternidade universal — toda a vida é una, e consequentemente o sofrimento do mundo é a preocupação de cada um e de todos nós.

A natureza superior e inferior do ser humano — todas as grandes tradições espirituais afirmam esta natureza dual; a superior deve ser despertada, e a inferior purificada e integrada à superior. Isto é essencialmente construção de caráter no sentido mais elevado.

A lei de causa e efeito — nossos pensamentos e ações produzem resultados benéficos ou maléficos. Cada pessoa deve ser consciente desta lei da vida e cuidar para escolher pensamentos e comportamentos que não irão ferir o eu ou os outros.

Responsabilidade pela própria vida pessoal — isto se refere à autoconfiança e ao autodomínio. Os seres humanos devem aprender a cuidar de suas próprias vidas ao invés de se tornarem reféns, inconscientes da sociedade (valores mentais, sociais ou culturais) e das forças do ambiente (hereditariedade, pobreza, acidentes, etc.).

A perfectibilidade da vida humana — isto diz respeito à visão antiga de que de seu estado imperfeito, os seres humanos podem elevar-se para níveis de maturidade diferentemente chamados de autorrealização ou perfeição.

A senda para a perfeição — a filosofia perene afirma a existência de formas testadas ao longo do tempo em que tal perfeição pode ser alcançada. Não é um segredo; também não é exclusivo de alguma religião particular. As tradições espirituais os chamam de santos, "homens justos tornados perfeitos", Budas, Rishis, al-kamil al-insan (pessoas perfeitas), etc.

O papel fundamental do caráter — o desenvolvimento do caráter é a estrutura essencial na vida e na educação. Esta é a base para a paz interior, para a espiritualidade, harmonia social e felicidade.

Não violência — os conflitos na vida e no mundo não podem ser removidos com a violência. Violência é o recurso do animal que não desenvolveu o raciocínio e os valores superiores. Os seres humanos devem evitar causar sofrimento a outras pessoas e criaturas.

Cidadania global responsável — somos todos responsáveis pelo que acontece ao mundo: guerras, crimes, destruição ambiental, terrorismo, etc. Devemos coletivamente ajudar a tornar este mundo um lugar melhor para se viver.

A filosofia perene não deve ser considerada uma visão de mundo que compete com outras visões religiosas. Na verdade, ela é uma síntese dos princípios básicos de se viver sabiamente.

Ela suportou o teste do tempo e encontrou eco nas mentes das pessoas mais sábias da história, seja do Oriente ou do Ocidente. Os educadores devem ter refletido profundamente sobre estas questões para que os princípios da sabedoria não fossem meramente reconhecidos, mas, ao invés disso, que se tornassem parte de seus *insights*, de sua sabedoria e prática diária.

20 O papel dos pais

Os pais desempenham papel significativo na educação. Mais do que qualquer outra pessoa, eles moldam a visão de mundo dos filhos. É, portanto, essencial para uma instituição educacional manter interação regular com os pais para que o lar e a escola não abracem ensinamentos conflitantes.

Na pré-escola e no ensino fundamental, o caráter e os hábitos das crianças são formados principalmente no lar. Não é incomum que crianças nestas faixas etárias desenvolvam dependência, medo, ressentimento ou desrespeito para com seus pais. Elas podem também ter visto violência entre os pais em situações em que eles discutiam. O crescimento sadio da criança é geralmente difícil de atingir quando o ambiente doméstico planta as sementes da neurose, do medo e da insegurança.

Cada instituição educacional, portanto, deve envolver também os pais em suas atividades. Aliás, em muitos casos, a escola deve educar os pais sobre paternidade e expô-los a ideias e abordagens que contribuam para o crescimento sadio de seus filhos.

Muitos pais cresceram aprendendo mecanismos não muito eficazes de lidar com a vida, tais como a supressão de seus sentimentos, timidez, ira, agressividade e desonestidade. Isto tem dois efeitos:

Pelo fato de esses mecanismos não serem eficazes, eles desenvolvem estresse devido à pressão externa, que por sua vez piora essas tendências, levando à angústia emocional.

Os filhos veem como os pais lidam com os conflitos e problemas, tendem a adotar o comportamento de seus pais, e crescem condicionados com estas abordagens insensatas na solução de problemas.

É útil, portanto, que as escolas mantenham sessões de paternidade onde os pais aprenderão habilidades vitais como:

Autodomínio: Muitos pais disciplinam seus filhos calcados na ira e na frustração, e não na sabedoria. Como resultado, as crianças sentem-se internamente ressentidas, tornando-se mesmo hostis e rebeldes. Os pais devem aprender como lidar com suas tensões, estresse, irritação, ira, medo, ansiedade, culpa, depressão, etc. Estes padrões automáticos de reação são "botões de pressão" que são desencadeados por coisas familiares — uma pessoa, uma palavra, uma circunstância ou uma memória. Existem formas testadas ao longo do tempo para extinguir esses padrões através da autopercepção. (Hao Chin, 2014, Cap. 8-14).

O Princípio de Causa e Efeito nos Cuidados Maternos/Paternos: Frequentemente os pais não estão conscientes de que ações específicas produzem resultados específicos nas crianças. Abaixo seguem exemplos:

- Afirmações depreciativas constantes resultarão em baixa autoestima, rebeldia ou desrespeito.
- Declarações de afirmação tenderão a resultar no oposto.

- Regras inconsistentes no lar resultam em tendência de as crianças ignorarem as regras e tornarem-se desobedientes.
- Uma atmosfera positiva no lar tende a cultivar crianças felizes.

Habilidades de Comunicação: Frequentemente os adultos comunicam-se segundo o modo como foram educados. Eles podem, por exemplo, ser agressivos, tímidos, grosseiros no linguajar, violentos, ou tender a mentir e manipular. Estas coisas resultam em relacionamentos tóxicos que produzem tensão e infelicidade na família. Alguns pais, por outro lado, são habitualmente respeitosos, agradáveis, corteses e sinceros. Estes, por sua vez, evocam respeito, cooperação e respostas positivas.

Os pais sempre acham muito útil aprender que existem maneiras de comunicar que são sabidamente eficazes, como a habilidade para ouvir genuinamente e fazer declarações assertivas (em oposição a respostas agressivas ou tímidas). A maioria dos pais jamais aprendeu estas habilidades necessárias no lar ou na escola. Eles devem ser ensinados a se familiarizarem com elas. (*Ibid.*, Cap. 16)

Linguagens do Amor. Aprender como expressar nosso amor e carinho para com nossos filhos (ou cônjuges e outras pessoas) é uma habilidade vital. Culturalmente, os asiáticos não expressam amor, e consequentemente seus filhos se relacionam com os pais não em termos de amor, mas de dever e respeito. Por outro lado, os pais sentem genuíno carinho para com seus filhos, mas os filhos podem não sentir porque os pais falam uma linguagem de "amor" que eles não entendem. Por exemplo, um pai pode trabalhar muito para ganhar dinheiro para a família, mas isto pode ser percebido não como amor, mas como uma contínua ausência do lar. As linguagens precisam ser compatíveis antes de os filhos poderem apreciar e responder a expressões de amor. Os livros do Dr. Gary Chapman sobre este assunto são muito úteis. Ele descobriu que as pessoas expressam amor de cinco maneiras:

a) Declarações positivas — dizer palavras de apreço à outra pessoa

b) Tempo agradável passado juntos — passar o tempo em conversas e atividades *tête-a-tête* de modo mutuamente agradável;

c) Tocar — isto é particularmente importante para crianças pequenas e (cônjuges).

d) Atos de serviço — ter a gentileza de fazer algo pela outra pessoa;

e) Presentear — ser atencioso ao presentear algo significativo para a outra pessoa (não necessariamente caro).

O Ensino de Valores, Autodisciplina e outras Habilidades Vitais às Crianças. Este é um dever que os pais não podem delegar a outras pessoas. A escola é apenas uma instituição complementar que apoia os esforços dos pais.

O PAPEL DOS PAIS

Uma instituição educacional precisa manter interação regular com os pais para que o lar e a escola não abracem ensinamentos conflitantes.

Na nossa experiência, os pais apreciam aprender a respeito destas coisas porque frequentemente ficam perdidos sobre como lidar com seus problemas familiares. Muitos deles se esforçam em transformar suas próprias vidas por amor a suas famílias. Quando veem que existe luz no fim do túnel, sentem-se aliviados.

Nossas escolas têm observado que os pais não participam dos seminários sobre paternidade. Assim, o que temos feito é conduzir estas palestras sobre paternidade durante os seis programas que realizamos em todas as escolas, anualmente, onde os alunos farão apresentações no palco para as quais os pais são convidados. Exemplos de temas abordados durante estas palestras incluem:

- Como desenvolver bons hábitos em crianças pequenas — tornando o comportamento divertido e repetindo-o durante várias semanas;
- Por que os pais não devem mentir para os filhos — a mentira corrói a credibilidade dos pais, e os filhos começam a não lhes dar crédito e a lhes desobedecer;
- Os pais devem interagir positivamente (ou pelo menos não negativamente) com os filhos em pelo menos 95% do tempo — os filhos devem estar mais inclinados a ouvir e responder favoravelmente ao que os pais dizem, e evitarão desapontá-los quando se sentem amados;
- Tempo agradável passado com os filhos — o tempo passado com os filhos deve ser profícuo e caracterizado pelo prazer compartilhado;
- Expressar amor e apreciação pelos filhos — isto pode ser feito diariamente por meio de um simples sorriso, um "bom dia" diário, frequentes "obrigados", um cumprimento sincero, um toque ou um abraço, etc.;
- Desenvolver o hábito de ler para os filhos — comprar livros ilustrados e lê-los para os filhos;

- A importância da autoestima — esta é a capacidade que têm os indivíduos de se aceitarem como são e se sentirem valorizados; isto é estimulado através de atos de amor e afirmação, deixando-os sentir que são reconhecidos;
- Criando crianças mais felizes — tornando o ambiente doméstico positivo e alegre;
- Construção do caráter — explicar às crianças por que algumas coisas podem ou não ser feitas; não deve apenas dizer-lhes para não fazerem algo, mas dar-lhes uma explicação;
- Desenvolvimento da personalidade — estes são traços e hábitos diários que são consistentemente reforçados ou desencorajados;
- Comunicação assertiva — afirmações que não são sejam críticas ou acusatórias e que consequentemente não tendam a magoar ou ofender os outros, mesmo que a pessoa esteja fazendo comentários negativos ou dando *feedback* negativo;
- Não comparar irmãos — a comparação afeta a autoestima dos filhos e pode causar ressentimento não apenas para com os pais, mas para com o irmão que é por eles elogiado;
- Porque as notas não são realmente importantes — os pais devem perguntar a respeito de competência genuína e não notas.

Permitindo-se que os pais entendam e apreciem estas diretrizes práticas, eles também começarão a apreciar a filosofia educacional da escola.

21 Aprendendo habilidades

Até aqui discutimos a filosofia e os princípios subjacentes à educação saudável, mas falamos pouco a respeito das habilidades de aprendizagem. Com isso, quero dizer abordagens e métodos específicos que tornarão o aprendizado mais fácil, mais rápido e mais eficiente.

Por exemplo, em muitas escolas há coisas para memorizar. Os alunos frequentemente se ressentem deste tipo de trabalho e podem desenvolver aversão pela matéria, quando aquilo com o que realmente antipatizam é a memorização. Mas há casos em que a memorização pode ser evitada, como quando se refere à tabuada de multiplicação. Em tal caso, a escola deve ensinar aos alunos como minimizar a agonia da memorização e maximizar a capacidade para a retenção.

Outro exemplo é a leitura eficiente, isto é, ler inteligente e rapidamente com compreensão. A partir do ensino médio, os alunos precisam ler muito, e, contudo, muitas vezes não lhes é ensinado como ler com rapidez.

Outro aspecto é o aprendizado de técnicas e hábitos eficazes de estudo. Tenho visto alunos tentando memorizar as lições repetindo frases em voz alta vezes sem conta, e passando horas horríveis fazendo isso até que caem no sono com suas pobres cabeças apoiadas em cima das mesas.

A educação eficaz deve incorporar abordagens testadas pelo tempo para a aprendizagem de habilidades. Seguem abaixo algumas habilidades que as escolas devem incluir em seus currículos.

MEMORIZAÇÃO EFICIENTE E DIVERTIDA

Eu cresci com um sistema educacional que exigia tanta memorização que eu costumava ser reprovado, não apenas nos exames, mas também nas séries, porque não gostava de memorizar sem entender. A verdadeira tragédia era que muitos dos meus professores sabiam que não entendíamos o que estávamos memorizando, e ainda assim continuavam a nos obrigar a memorizar coisas visivelmente inúteis. O que eles queriam era que nós simplesmente passássemos nas provas memorizando um conjunto de respostas para um conjunto de perguntas. Os melhores memorizadores eram sempre aqueles que tinham as mais elevadas honrarias ao final do ano. A coisa não fazia sentido algum. E, contudo, os professores levavam todas estas coisas muito a sério.

As escolas devem minimizar o aprendizado mecânico, e em seu lugar despender tempo permitindo aos alunos entenderem e apreciarem o que estão aprendendo. Ainda assim, algumas coisas precisam ser memorizadas, tais como os símbolos dos elementos químicos e suas valências, os axiomas da geometria, etc. Os alunos devem aprender como fazer isso com um mínimo de sofrimento.

Muitos métodos foram criados para evitar a dor causada pela memorização. Os professores devem familiarizar-se com eles e testá-los, e depois ensinar aos alunos como os usar. Aqui estão alguns exemplos:

- *O uso de canções e rimas*. Isto é muito útil nos níveis pré-escolar e fundamental.. Notamos quão facilmente as crianças aprendem a cantar músicas, mesmo que ainda não entendam as palavras. Este *insight* pode ser usado para muitas coisas básicas, tais como o alfabeto ou os números. A tabuada de multiplicação pode ser repetidamente recitada num ritmo de canção, e depois ela voltará como uma música na cabeça quando repetimos os números a serem multiplicados. Aprendemos o alfabeto de maneira semelhante, quando o recitamos ao som de "Pisca, Pisca, Estrelinha"[15].Até mesmo idiomas podem ser apreendidos, primeiramente ouvindo músicas estrangeiras e, então, cantando-as. Além do fato de ser divertido fazer isso dessa maneira.

Transforme num jogo. Os professores podem elaborar jogos criativos que levarão alegria ao trabalho de memorização. Suponhamos que os alunos precisem memorizar os símbolos dos elementos químicos (*Pb* para o chumbo, *Ag* para a prata, *Na* para o sódio, etc.) O professor pode sugerir um jogo segundo um modelo popular de um jogo de cartões de memória vendidos comercialmente. Todo elemento químico terá duas cartas, uma contendo o símbolo e a outra o nome completo do elemento. Cinquenta cartas, por exemplo, terão os símbolos e os nomes de vinte e cinco elementos. Elas serão dispostas sobre uma mesa de cabeça para baixo, e cada aluno terá a chance de desvirar e olhar para duas cartas ao mesmo tempo, que também serão vistas por todos os outros. Se as cartas combinarem (símbolo e nome), o

15 *Twinkle, Twinkle, Little Star* é uma popular canção de ninar. A sua letra foi escrita em 1800 pela poetisa britânica Jane Taylor. (Nota Ed. Bras.)

jogador guarda as cartas e desvira mais duas. Se as cartas não combinarem, serão postas de volta à mesa de cabeça para baixo, e será a vez de um outro jogador. Os outros jogadores precisarão lembrar estas cartas, porque no momento que encontrarem uma carta cujo símbolo ou nome correspondente tenha sido visto, então eles têm de lembrar onde ela estava. Mas primeiro eles têm de reconhecer que símbolo combina com que nome. O jogo pode ser repetido tantas vezes quanto desejado.

Uso de histórias sequenciais. Quando meus filhos estavam no Ensino Fundamental e no Ensino Médio, os professores lhes pediam para memorizar muitas coisas que eles sentiam serem enfadonhas, tais como produtos comerciais das regiões das Filipinas. Eu não sabia por que as crianças tinham de memorizar essas coisas, mas de qualquer maneira elas tinham de memorizar. Assim, transformamos a coisa num jogo de aprendizado usando histórias sequenciadas. Suponhamos que os produtos das províncias centrais das Filipinas (Região 3) sejam milho, coco, peixe e ferro. O que fizemos foi criar uma história como a seguinte: "Na região 3 há somente três coqueiros. Quando davam frutos, não eram cocos que apareciam, mas peixes enormes feitos de ferro. Eles eram tão pesados que, quando caíam, afundavam no chão e se tornavam sementes que eventualmente brotavam como milho". Enquanto inventávamos estas histórias, nós nos divertíamos muito. Ao final de apenas uma história, os produtos eram perfeitamente lembrados sem esforço. Minha filha e eu nos revezávamos inventando cenários tão ridículos que o tempo que passávamos juntos era divertido e profícuo. E ela passou nos exames no dia seguinte.

Grampos de memória. Os alunos podem aprender métodos engenhosos para lembrar números que os ajudarão pelo resto de suas vidas. Um exemplo é grampos de memória, desenvolvido por Harry Lorrayne e Jerry Lucas, onde um número está associado a uma consoante. O "0" é representado pela letra "l", porque existe um buraco se você escreve manualmente o "l". "1" é representado pela letra "t"; "2" é "n" (pois tem duas pernas); "3" é "m" (devido às suas três pernas); "4" é "r", porque a última letra de quatro é "r" [em inglês], e assim por diante até 9 e 0. Deste modo "432432" é igual a "rmnrmn". Em seguida, basta adicionar quaisquer vogais no meio para transformá-las em palavras, tais como "*Remain a Roman*" [permanecer um romano].

Associação. Outra maneira é associar um fato a ser memorizado a algo familiar e gráfico. Por exemplo, quem foi o líder dos conquistadores mongóis que invadiram a Europa? Gengis Khan. Pense nele como um gênio com uma lata virada de cabeça para cima cobrindo sua cabeça enquanto ele travava suas batalhas. Definitivamente, essas histórias associativas não mais serão necessárias se lembrarmos os nomes com facilidade.

Mnemônicos. Quando é preciso lembrar uma sequência de nomes ou itens, podemos então unir suas letras iniciais a algo familiar ou transformar as primeiras palavras numa história.

Os exemplos acima são apenas algumas das muitas maneiras conhecidas de afastar a agonia do ato de memorizar. Que o professor ou a escola sistematize o ensino de memorização de maneira divertida.

LEITURA INTELIGENTE MAIS RÁPIDA

Outra habilidade que os alunos precisam aprender é ler mais rapidamente com compreensão. A taxa média de leitura de um adulto comum é de cerca de 300 palavras por minuto.

Isto pode ser triplamente aumentado ou mais. Dizia-se que o presidente John Kennedy lia cerca de 5000 palavras por minuto. Os leitores mais rápidos do mundo conseguem ler de 30 a 50.000 palavras por minuto.

Leitura rápida não significa simplesmente ler mais rapidamente. Ela ajuda o leitor a alcançar uma melhor compreensão do material. O leitor pode ver o quadro mais amplo do capítulo ou parágrafo e, consequentemente, reconhecer quais detalhes deve somente folhear e quais deve focar. Isto é leitura inteligente.

A leitura é um hábito que precisa ser cultivado. Aqueles que não desenvolveram o hábito ficam limitados em seu conhecimento geral, um fator que pode afetá-los em muitas áreas de suas vidas.

CONSTRUÇÃO DO VOCABULÁRIO

Os limites do meu idioma significam
os limites do meu mundo.
Ludwig Wittgenstein

Embora a afirmação acima de Wittgenstein não seja totalmente verdadeira (pois existem mundos além das palavras), ela se aplica à maioria das pessoas. Nossa percepção do mundo é grandemente determinada pelo conhecimento e conceitos que adquirimos através das palavras.

Quanto mais amplo for o nosso vocabulário, mais sabemos a respeito do Universo — material, social, tecnológico, metafísico, etc. É essa a importância da construção do vocabulário.

A extensão do vocabulário pessoal determina quão rapidamente se consegue aprender naquele idioma. Um vocabulário pobre limita ou diminui a leitura e o aprendizado. Constatou-se também que os níveis de vocabulário têm correspondências com inteligência e capacidade. Assim, é útil para a escola ter um programa continuado de aumento do vocabulário de todos os alunos. Encoraje-os também a terem um bom dicionário como amigo do peito.

EXPLORAÇÃO E EXPERIMENTO

Explorem vários outros *insights* conhecidos a respeito de aprendizado eficiente. Por exemplo, muitos experimentos foram conduzidos sobre os efeitos da música no aprendizado. Alguns tipos de música, como as em movimento *lento*, com uma batida por segundo, parecem diminuir os níveis de ansiedade de tal maneira que a taxa de aprendizagem parece melhorar. Parece que durante os processos de aprendizagem, a frequência cardíaca mais lenta é mais propícia para aprender, e o batimento musical afeta o batimento cardíaco e os níveis de ansiedade do aluno.

Outra área de exploração é o efeito da meditação e da plena atenção na taxa de aprendizagem dos alunos. Ademais, muitos estudos nesta área tendem a mostrar que a prática da meditação melhora o aprendizado.

22 Crianças difíceis

As escolas sempre encontrarão crianças que têm problemas especiais, tais como déficit de atenção, hiperatividade, autismo, deficiência física ou tendências violentas como a intimidação. Outros são especialmente dotados, seja em inteligência geral ou num campo particular tal como música ou matemática. Os professores precisarão dispensar atenção especial a cada caso.

Lidando com tais casos, já existem muitos estudos e referências a partir dos quais os professores podem estudar e aprender, e por isso não vou repetir o que já está disponível em outros lugares. O que eu gostaria de tocar aqui são aspectos ou princípios aos quais raramente se dá atenção nas abordagens padrão.

Solucionar a Causa Principal e não Suprimir o Sintoma. As crianças não são "malcriadas" ou "más". Esses rótulos são geralmente aplicados pelos mais velhos cuja paciência exauriu-se e que agora querem impedir as crianças de agirem do modo como agem, frequentemente através do medo, da ameaça ou do castigo físico.

Quando as crianças são recorrentemente violentas, por exemplo, sempre existe uma razão por detrás, que geralmente pode ser rastreada ao ambiente doméstico. Quando não são amadas em casa, podem tentar afirmar-se na escola através de comportamento intimidador. Posteriormente na escola, quando sentem o amor do professor, começam a se comportar de maneira responsável, e a seguir as regras de sala de aula sem ressentimentos.

Nível de Energia e Equilíbrio. Para crianças que pareçam irrequietas com uma baixa faixa de atenção, é útil entender o elemento energético do comportamento. Isso se refere à real energia que está sendo sentida no corpo, que é a causa imediata de comportamento irrequieto ou instável. Para crianças pequenas, a normalização do equilíbrio energético é muitas vezes suficiente para acalmá-las. O impulso ou ímpeto inconsciente para o comportamento anormal diminuirá naturalmente.

Este desequilíbrio energético difere de uma causa mais complexa que surge a partir da percepção de problemas nas crianças. Essa percepção de problemas eventualmente leva ao que Sigmund Freud chamou de psiconeurose, em oposição à neurose real, que é o represamento da energia no sistema psicofísico.

O conhecimento de como ajudar a criança a lidar com essa congestão energética muitas vezes resolverá problemas de comportamento, tal como a hiperatividade. A necessidade de se mexerem ou de estarem ativas nas crianças é normal e não deve ser suprimida. A hiperatividade surge a partir do represamento da energia no sistema, fazendo com que acumule e crie pressão que precisa ser liberada. Essa congestão energética pode ser evitada, mas quando tiver acumulada, o professor deve ajudar as crianças a deixá-la fluir naturalmente.

Esses fenômenos acontecem não apenas em crianças do jardim de infância, mas também em adolescentes e adultos. Tenho frequentemente observado adolescentes batendo os pés quando estão em sala de aula ou ouvindo o professor. Ou podem estar inquietamente deslocando os pés, movendo as mãos, olhando para uma coisa e depois para outra, etc. São distraídos pelas energias dentro do corpo que supostamente deveriam fluir suavemente, mas que não fluem. Eles sequer estão perceptivos do que está acontecendo dentro deles mesmos. Eles são as vítimas e não os culpados. Devem ser entendidos e auxiliados, e não condenados e castigados.

Cristina frequentou um colégio particular com bolsa de estudo. A escola informou a seus pais, no entanto, que poderiam ter de descontinuar a bolsa por causa do comportamento dela, que identificaram como Transtorno de Déficit de Atenção Hiperativo (TDAH). Ela tinha dificuldade em focar numa tarefa que supostamente deveria realizar. Quando Cristina me foi apresentada, ela se sentou ao meu lado. Após os cumprimentos usuais, notei que suas pernas mudavam ou se cruzavam constantemente. Os braços também.

Eu lhe perguntei se sentia algo nas pernas. Ela disse que sim. Eu lhe perguntei onde. Ela descreveu sensações nas coxas e nas panturrilhas, como correntes ou sentimentos desconfortáveis. Pedi a ela para respirar profundamente e sentir essas sensações enquanto inalava, e para estar perceptiva do restante das pernas para baixo até os dedos dos pés enquanto exalava. Depois de alguns ciclos de respiração, suas pernas pararam de mudar e de se mover. Então lhe pedi para me dizer se sentia algo nos braços. Ela sentia, e descreveu para mim. Disse-lhe que fizesse o mesmo exercício de respiração e percepção. Depois de algum tempo, seus braços repousaram sobre o colo sem muito movimento. Ela disse que se sentia sonolenta. Este era um efeito posterior normal desse exercício. Eu lhe disse para dormir na cadeira, que havia outras cadeiras acolchoadas à sua esquerda e à direita e que era seguro, caso ela se inclinasse ou caísse para um ou outro lado. Eu a deixei só e conversei com seu pai numa sala adjacente. Após 20 minutos, Cristina veio até nós e se juntou à conversa. Nós conversamos por talvez uma meia hora, período durante o qual não vi qualquer sinal de inquietação ou impaciência. Ela conseguia seguir o tema da conversa muito bem.

Meses depois, recebi uma mensagem da mãe dizendo que fora permitido a Cristina continuar com a bolsa de estudo. Seu TDAH não era mais problema.

Embora seja possível haver muitos outros fatores que contribuam para o desassossego não apenas entre jovens, mas também entre adultos, minha experiência tem mostrado repetidamente que é muito útil considerar primeiramente a circulação de energia no corpo. Ao perguntar-lhes o seu nível de desconforto e onde o sentem, eles se tornam perceptivos de seu desequilíbrio energético interno. Essa autopercepção é a chave para a normalização do fluxo de energia no corpo. Através de vários ciclos de respiração profunda, eles geralmente relatam que o desconforto diminuiu. Pude ver também que seus membros não mais mostravam desassossego ou agitação.

Amor e Disciplina. O melhor motivador para o comportamento sadio é um relacionamento amoroso. Quando a criança se sente amada pelo professor, ela é motivada a ouvir, e coopera com o que o professor está sugerindo. E isto certamente é verdadeiro com relação aos pais. Muitos pais bem-intencionados não conseguem expressar seu amor de uma maneira tal que seus filhos o sintam. E quando os filhos não «se comportam» segundo a vontade dos pais, eles se tornam mais autoritários ainda. Isto cria um ciclo de disciplina e resistência e, posteriormente, rebeldia.

Quando os brigões da escola se sentem amados pelos professores, eles deixam de intimidar. O impulso psicológico inconsciente para se afirmarem dissipou-se com segurança. Dê responsabilidades às crianças bagunceiras — isto é, mostre que você confia nelas — elas então tenderão a buscar viver segundo estas expectativas. Elas naturalmente deixarão de desapontar os professores que demonstraram fé nelas. Esta é uma observação comum e não precisamos ser psicólogos para vermos a verdade por trás disso.

Mas para fazer tudo o que foi dito acima, é essencial que os próprios professores não sejam muito rígidos e internamente distraídos por seu desequilíbrio energético. Neste último caso, eles não terão energia para observar os alunos. Eles precisarão de auxílio.

23 A prática regular do silêncio

Por que a prática do silêncio é essencial para os jovens estudantes?

As pessoas que não estão em contato com sua individualidade interior são levadas pelos condicionamentos e pressões do ambiente. Como resultado, não conseguem alcançar o seu mais elevado destino para esta vida, que é o desabrochar de seu potencial profundo; em vez disso, elas inconscientemente seguem os impulsos dos hábitos e das tendências adquiridos, muitos dos quais podem não ser saudáveis em absoluto. Ser escravo de hábitos externos adquiridos é uma verdadeira tragédia na vida de qualquer indivíduo. A pessoa se torna apenas um autômato, reagindo segundo os condicionamentos incidentais do ambiente.

Esses condicionamentos estão alojados na personalidade exterior, consistindo de hábitos corporais e padrões de reação emocionais e mentais. A maioria desses padrões está gravado no subconsciente de cada um e consequentemente são automáticos, isto é, operam sem qualquer decisão ou deliberação consciente.

Contrastando com isso, temos níveis mais profundos de consciência em nossa psique que podemos chamar de nossa individualidade interior, pois representam as inclinações mais autênticas de um indivíduo — autênticas no sentido de que são mais permanentes do que as necessidades passageiras e às vezes superficiais da personalidade. Por exemplo, o desejo de beber refrigerantes pode ser transitório, mas a preferência pela boa saúde é permanente. Este é um exemplo óbvio. Mas existem questões mais profundas na vida que não são tão evidentes.

Quando eu estava na casa dos vinte anos, comecei a me envolver em atividades comerciais. Os meus pais eram empresários, eu tinha me formado em economia, após o que fiz pós-graduação no mesmo campo. Eu era bastante ambicioso. Planejei estabelecer o meu próprio negócio de importação/exportação, além de gerenciar uma empresa manufatureira em crescimento. Em outras palavras, a minha ambição era tornar-me rico.

Felizmente, na época, fui apresentado à meditação iogue e à Teosofia. Isso me deu a oportunidade de estar em contato com a minha natureza interior. Quando fiz uma lista das três coisas que gostaria de fazer ou alcançar antes de morrer, o dinheiro jamais surgiu na minha lista de prioridades. Isto desencadeou um ponto crítico na minha vida. Decidi reduzir o tempo gasto no negócio e dedicar mais tempo às instruções que sentia serem muito mais importantes. Eu perdi muitas oportunidades de ganhar mais dinheiro. Mas, olhando para trás, jamais, em momento algum, me arrependi daquelas oportunidades perdidas, e me sinto feliz por ter descoberto minhas verdadeiras inclinações enquanto ainda era jovem.

A capacidade para estar em contato com a natureza interior pessoal deve começar ainda na juventude, antes que as grossas camadas do condicionamento se acumulem. Isto é feito entrando-se periodicamente em curtos períodos de silêncio, com o professor provendo diretrizes apropriadas que tornarão as crianças cada vez mais perceptivas de uma realidade interior.

As crianças são inconscientemente pressionadas ou condicionadas pelo ambiente social externo. Quando elas veem outras crianças animarem-se a respeito de um jogo ou brinquedo, existe a tendência de querer participar do jogo ou de ter o brinquedo — mesmo se o jogo for simplesmente pular em um pé só, ou os brinquedos sejam apenas placas quebradas. Por meio da repetição as crianças começam a subconscientemente atribuir valores permanentes a coisas que têm apenas valor passageiro. Muitos desses valores enrijecedores estão enraizados na insegurança emocional, na necessidade de ser aceito, ou no medo de rejeição, além da tendência natural de evitar dor ou inconveniência.

Entrar regularmente em períodos de silêncio permite à criança desprender-se temporariamente da identificação com inclinações emocionais, mentais e corporais. Isto evita o "cerco" dos valores momentâneos implantados pelo ambiente. Afrouxa esta identificação, permitindo aos indivíduos terem uma maior medida de objetividade com relação aos seus gostos e aversões, desejos e repulsões. A capacidade para o desapego permite-lhes serem mais receptivos às verdadeiras inclinações ou à voz da individualidade interior. Responder a esta voz interior é o alicerce de uma vida realizada. Não é o prazer ou a satisfação que produz a verdadeira felicidade na vida. É a realização do ímpeto interno pessoal, que se origina da individualidade interior, não apenas da personalidade exterior.

O silêncio interior ou a meditação é a prática regular de acalmar as três camadas da personalidade externa. É durante esse período de quietude que a autopercepção é estimulada na criança. O professor deve guiar os alunos para a compreensão de que este silêncio não é apenas a repressão de impulsos, mas uma percepção crescente da existência desses impulsos e da tensão à qual eles dão origem, para que possam então, conscientemente, deixá-las se acalmarem..

Para as crianças, esta prática do silêncio interior não é ainda a meditação formal, que é praticada por iogues, ou contemplativa. Essa meditação espiritual deve esperar certo grau de maturidade. A prática do silêncio interior para estudantes tem por objetivo estimular a capacidade de autopercepção, que forma a base de uma vida madura e realizada.

Os próprios professores devem estar familiarizados com as vantagens de praticar o silêncio interior na vida diária, caso contrário pedir às crianças para fazê-lo seria apenas uma imposição com muito pouco significado.

PRIMEIRO ESTÁGIO: CORPO E SENTIMENTOS

A primeira fase da prática do silêncio interior é ensinar às crianças como acalmar suas tensões corporais. O professor deve orientá-las perguntando se elas sentem algum peso, força, corrente, movimento ou coceira nas mãos, pernas, cabeça, pescoço, tronco, estômago ou costas. Se houver, então os alunos devem ser encorajados a senti-los enquanto inspiram e expiram. O professor deve tomar conhecimento de qualquer inquietude ou de qualquer sinal de tensão na criança. Fazer perguntas direcionadas adequadamente podem ajudar os alunos a tornarem-se perceptivos de tensões corporais.

"Quem sente alguma coisa nos braços e mãos, tal como um peso, um tipo de corrente, o desejo de mexer braços e pernas, e outras sensações? Se você sente alguma dessas coisas, levante a mão".

Quando os alunos levantam as mãos, o professor deve aproximar-se deles, um de cada vez, e perguntar onde estão sentindo algo. Eles são então encorajados a descrever o que sentem. O professor geralmente notará um abrandamento de qualquer inquietude apenas ajudando o aluno a se tornar perceptivo dela, enquanto pratica respiração lenta, profunda.

Quando o professor familiariza as crianças com este tipo de percepção, pela primeira vez ele pode precisar despender algum tempo orientando cada criança ao permitir que todo o corpo se torne relaxado e calmo. Posteriormente, quando elas pegarem o jeito, saberão como entrar num estado de descontração por conta própria.

A extensão do período de silêncio é de cinco a quinze minutos dependendo da idade. Como regra geral, o número de minutos pode ser igual à idade da criança, isto é, cinco minutos para os que têm cinco anos de idade, dez minutos para os que têm dez anos, etc.

A turma não deve entrar no período de silêncio imediatamente após alguma atividade vigorosa como jogos ou brincadeiras. Deve haver um período de calma para permitir que qualquer excitação sossegue, senão haverá uma tendência de a criança suprimir a emoção em vez de entrar numa calma natural.

SEGUNDO ESTÁGIO: PENSAMENTOS

Uma abordagem simples para cultivar essa autopercepção é tornar-se consciente da própria respiração e depois fazer a contagem mental:

"Feche os olhos e observe sua respiração à medida que o ar entra e sai....". Permita-lhes fazer isso durante alguns ciclos de respiração.

"Quando você inspirar, diga silenciosamente 'um' com a mente, e quando expirar, diga silenciosamente 'dois' ".

Ao ensinar isso pela primeira vez, o professor deve deixar que as crianças pratiquem a observação da respiração em curtos períodos de tempo. Depois de cerca de sete ciclos de respiração ou aproximadamente trinta segundos, o professor pode interromper dizendo:

"Tudo bem, vamos abrir os olhos. Vocês conseguem fazer a contagem enquanto inspiram e expiram? Estão pensando em alguma outra coisa?"

Deixe-as responder as perguntas.

"Se a sua mente está pensando em alguma outra coisa, então volte a contar 'um' e 'dois' enquanto inspira e expira. Muito bem, vamos repetir. Fechemos nossos olhos e silenciosamente digamos 'um' e 'dois' com as nossas mentes quando estamos inspirando e expirando".

Então faça isso durante outro ciclo de quatorze respirações ou cerca de um minuto. Depois lhes peça para abrir os olhos novamente e pergunte se conseguiram fazê-lo.

Então retorne à prática do silêncio pela terceira vez. Desta vez durante três minutos.

Nos três dias seguintes, siga a mesma rotina, fazendo isso em três períodos separados de silêncio.

No quarto dia, faça apenas duas vezes — um minuto e três minutos.

No quinto dia, apenas 3 minutos.

No sexto dia, veja se elas conseguem sustentá-lo durante 4 minutos.

No sétimo dia, tente 5 minutos.

TERCEIRO ESTÁGIO: INVESTIGAÇÕES

Para os alunos do Colégio ou do Ensino Fundamental,, permita-lhes algum tempo para a discussão de suas experiências em meditação. Encoraje-os a se tornarem perceptivos de pensamentos e reações que surgem enquanto estão tentando focar na respiração. Esta é uma prática mais desafiadora. Pergunte a eles se estão mais perceptivos das imagens, memórias, percepções e reações que vêm à mente. Explique-lhes que não é esperado que eles deem um basta ou encorajem esses pensamentos, mas apenas que se tornem perceptivos deles até que os pensamentos sosseguem naturalmente.

Quando tiverem aprendido a tornar-se atentos às suas sensações, sentimentos e pensamentos, o professor pode ocasionalmente explorar com eles várias situações que aumentarão sua percepção na vida diária. Exemplos:

1. Após cinco minutos de silêncio, diga-lhes para imaginarem que alguém está gritando com eles e dizendo coisas que magoam. Peça-lhes para descreverem que sentimentos surgem dentro deles quando visualizam a situação. Onde eles sentem isto no corpo? No peito? No estômago? Na cabeça? Será um aperto? Calor? Batimento cardíaco?

Então lhes permita simplesmente se tornarem perceptivos dessas reações enquanto realizam longas respirações profundas até que se acalmem novamente.

2. Após um período de silêncio, peça-lhes para escreverem o que quer que desejem a respeito deles mesmos, seus valores, seus princípios, seu futuro, seus relacionamentos, etc. Deixe-os escrever durante cinco ou dez minutos em silêncio.

Encoraje alguns deles a se voluntariar a compartilhar o que escreveram. Não os pressione para compartilhar, porque alguns deles podem ter escrito algo profundamente pessoal.

Este exercício pode torná-los perceptivos de seus valores mais profundos na vida e lhes permitir tomar decisões mais sábias.

3. Pergunte-lhes a respeito de outras situações que sejam relevantes para eles. Deixe-os pensar no cenário e depois permita que eles descrevam novamente o que sentem.

Além disso, os professores precisam entender a razão para esta atividade; caso contrário, serão incapazes de orientar os alunos da maneira apropriada.

Nota:

1. A palavra personalidade vem da palavra grega *persona*, que significa uma máscara. Refere-se à máscara que um ator usa quando interpreta uma personagem. A *persona*, então, é apenas uma camada temporária e não autêntica de nós mesmos. O que é genuíno é o que está por trás da máscara — o indivíduo verdadeiro. Este é o mesmo significado que Karl Jung adotou quando usou a palavra *persona* para se referir a um dos aspectos da psique humana.

24 Reflexões

O mundo está agora numa bagunça tão grande que nos perguntamos se somos verdadeiramente mais civilizados do que antes. Quando, senão no século XX, podia-se encontrar holocausto perpetrado da maneira mais cruel por mão e cérebro humanos, onde populações foram exterminadas aos milhões, onde armas de destruição em massa incluíam materiais bacteriológicos e químicos que podiam indiscriminadamente matar homens, mulheres, crianças e animais? Quando, senão no século XX, podia-se encontrar terrorismo onde os alvos eram não apenas instalações militares ou governamentais, mas os mercados, metrôs, edifícios comerciais e pontos turísticos? Quando, senão no século XX, podia-se ouvir falar de jovens e adultos massacrando crianças inocentes nas escolas? A lista continua. Existe uma matriz de crises se formando no nosso planeta. É um processo lento, e estamos nos tornando entorpecidos, enquanto repetidamente temos notícias das Cassandras de hoje em dia. Teremos de esperar até que uma catástrofe de proporções apocalípticas nos surpreenda antes de agirmos? O que fazemos agora?

Acredito que uma das ações mais críticas que devemos empreender é revolucionar a educação. Talvez este chamado, feito apaixonadamente por inúmeros outros, esteja novamente caindo em ouvidos moucos, porque as pessoas estão ocupadas demais com suas hipotecas, suas carreiras, brigas familiares, ou doenças, além do ruído contínuo do rádio, da televisão e dos jornais detonando seus sentidos com o chamado do consumismo e das ansiedades da sociedade. A maioria das pessoas normais tem tempo e serenidade mental para refletir sobre as noções básicas do desenvolvimento humano, dos relacionamentos, da equanimidade e do propósito de viver. Possibilitar que nossos filhos o consigam é o âmago da verdadeira educação.

As ideias esboçadas neste livro não são novas. Não apenas foram ensinadas pelos sábios de todos os tempos. Profundamente, dentro de nós, entendemos também que existem princípios universais no âmago da educação judiciosa. O fato é que a maioria das pessoas pensa nessas coisas como impraticáveis ou inatingíveis em meio às "realidades" do mundo moderno. Frequentemente ouvimos as pessoas dizerem "a sociedade se habituou a isso. É difícil mudar as coisas". Ou, "não temos escolha".

Mas temos. Todo indivíduo genuinamente preocupado com a felicidade humana, com a harmonia e a sobrevivência do planeta tem a escolha de fazer algo para alterar a tendência do pensamento e da cultura humanos. Não devemos permitir que os sentimentos de impotência nos deixem ser levados pelas torrentes que seguem o caminho oposto. Quando mais pessoas juntarem seus corações e mãos para criar o impulso na direção oposta, então estaremos construindo esperança — por um mundo pacífico, um mundo de harmonia em meio à diversidade, um mundo de unidade.

Uma revolução silenciosa está ocorrendo no campo da educação. Está sendo levada a cabo por escolas progressivas ou alternativas. Em termos de percentagem, essas escolas são como muitas gotas no oceano. A vasta maioria das instituições educacionais ainda aplica uma maciça abordagem mecânica à educação, onde notas, exames, e a busca do trabalho são os objetivos principais, usando ameaças, medo e castigo como modos de estimular os estudantes a se conformarem.

Felizmente uns poucos governos estão liderando os esforços para reformar a educação pública de modo que as escolas sejam mais humanistas, e não um produto da agenda política ou econômica do estado. Em 2019, Cingapura retirou todos os exames e as classificações do Ensino Médio. A Finlândia anunciou que suas escolas serão "baseadas nos fenômenos" e não em matérias; isto é, em vez de estudar matérias como álgebra ou história como unidades separadas e autônomas, as escolas estão encorajando o estudo de fenômenos humanos, sociais ou naturais como problemas reais na vida humana, onde adquirirão as habilidades e o conhecimento necessários, seja matemática, ciência ou história para entender os fenômenos. Vários governos tornaram o desenvolvimento mais pleno do potencial humano o principal objetivo da educação nacional.

Muitas dessas inovações eram praticamente desconhecidas há um século. À medida que mais pesquisa é feita sobre a eficácia de longo prazo de tais abordagens ao aprendizado, espera-se que mais governos ousarão incorporá-las ao sistema público de ensino.

Defensores de sistemas escolares alternativos devem disseminar o sucesso de suas abordagens através de escritos, palestras e *workshops* [oficinas]. Isso criará a percepção de novos métodos em educação tanto entre os sistemas de ensino público quanto o particular.

Uma questão que é geralmente levantada é que escolas alternativas são bem-sucedidas devido ao pequeno número de alunos em sala. Em contrapartida, muitas escolas públicas têm turmas numerosas, e frequentemente, professores mal treinados. Alguns países, como os Estados Unidos, o Chile, a Colômbia e Índia estão permitindo a grupos privados gerenciarem as escolas públicas. Em tais casos, seria possível permitir a grupos privados testarem seus sistemas no ambiente da escola pública. Estudos iniciais parecem indicar que tais iniciativas privadas podem apresentar resultados acima da média em termos de desempenho acadêmico e comportamento estudantil.

Esforços para levar a uma população mais ampla uma educação mais esclarecedora são vitais para a criação de um mundo que seja mais pacífico e harmonioso. As escolas são os filtros através dos quais a escória de influências deletérias no lar e na sociedade pode ser purificada, e onde as qualidades de caráter saudável podem ser estimuladas.

Bibliografia

Aristotle (2000), *Nichomachean Ethics*, traduzido por Roger Crisp. Cambridge: Cambridge University Press.

Bering, Jess (2013). Ian *Stevenson's Case for the Afterlife: Are We 'Skeptics' Really Just Cynics? Scientific American* Blogs. https://blogs.scientificamerican.com/bering-in-mind/ian-stevensone28099s-case-for-the-afterlife-are-we-e28098skepticse28099-really-just-cynics/

Blavatsky, Helena P. (1969). *A Chave para a Teosofia*. Brasília: Editora Teosófica, 7a. ed., 2020.

Chapman, Gary (1995), *The Five Love Languages*. Chicago: Northfield Publishing.

CNN (2009). *Real estate power broker dead of apparent suicide*. January 7, 2009. http://edition.cnn.com/2009/US/01/07/illinois. realestate.death/

Cook, C., K. Williams, N. Guerra, T. Kim, S. Sadek (2010). *Predictors of Bullying and Victimization in Childhood and Adolescence: A Meta-analytic Investigation*. School Psychology Quarterly, 2010, Vol. 25, No. 2, 65—83.

Covey, Stephen R. (2013). *Seven Habits of Highly Effective People*. RosettaBooks LLC

Eyre, Linda and Richard (1993). *Teaching Children Values*. New York: Fireside.

________ (1995), *Three Steps to a Strong Family*. New York: Fireside.

Fromm, Erich (1955). *The Sane Society*. New York: Rinehart & Company, Inc.

Global Research (2017). *Finland Will Become the First Country in the World to Get Rid of All School Subjects*. https://www. globalresearch.ca/finland-will-become-the-first-country-in-theworld-to-get-rid-of-all-school-subjects/5572373

Goldstein, Kurt (1995). *The Organism: a Holistic Approach to Biology Derived from Pathological Data in Man.* New York: Urzone, Inc.

Gottfredson, Linda S. (1997). *Mainstream Science on Intelligence: An Editorial with 52 Signatories, History and Bibliography*. Wall Street Journal, Dec. 13, 1994. Reprinted in Intelligence, 24(1) 13-23.

Gray, Peter, Ph.D. (2009). *A Brief History of Education. Psychology Today.* Https://www.psychologytoday.com/us/blog/freedom-learn/200908/brief--history-education

Gross, Gail (2016). *The Power of Music, Part 2: Baroque Music*. Huffington Post, June 24, 2016.

Hao Chin, Vicente, Jr. O Processo da Autotransformação. Brasília: Editora Teosófica, 2019, 2ª. edição.

Hao Chin, Vicente, Jr. e outros. Reflexões sobre a Educação. Brasília: Editora Teosófica, 2019.

Head, Joseph and Sylvia Cranston (1986), *Phoenix Fire Mystery*. New York: Julian Press.

Independent (2015). *Finland schools: Subjects scrapped and replaced with 'topics' as country reforms its education system.* https://www.independent.co.uk/news/world/europe/finland-schools-subjects-are-out-and-topics-are-in--as-country-reforms-its-educationsystem-10123911.html

James, William, 2009. *As Variedades das Experiências Religiosas*. São Paulo: Editora Cultrix.

Krishnamurti, J. (1981). Educação e o Significado da Vida. São Paulo: Editora Cultrix.

Krishna, P. *Educação, Ciência e Espiritualidade.* Brasília: Ed. Teosófica, 2013.

________ (2005). *Life Ahead*. Novato, CA: New World Library.

Leninger, Bruce and Andrea, with Ken Gross. *A Volta — A Incrível e Real História da Reencarnação de James Huston Jr.* Rio de Janeiro: Ed. BestSeller, 2009.

Los Angeles Times (1962). *Marilyn Monroe Dies; Pills Blamed.* Los Angeles Times, August 6, 1962. http://www.latimes.com/local/obituaries/archives/la-me-marilyn-monroe-19620806-story.html

Maslow, Abraham (1993). *The Farther Reaches Of Human Nature*. New York: Arkana.

____________ (1987). *Motivation and Personality* (3rd ed.). New York, NY: Harper & Row.

Lu, S. (2015). *The mystery behind Japan's high suicide rates among kids*. October 22, 2015. JM Wilson Quaterly: http://wilsonquarterly.com/stories/the--mystery-behind-japans-high-suiciderates-among-kids/.

Lucy Autin. *Child Suicide in Japan: the leading cause of death in children*. Humanium.org/en/child-suicide-in-japan-the-leadingcause-of-death-in--children/

National Institutes of Health (2012), *Breaking Bad Habits: Why It's So Hard to Change*. https://newsinhealth.nih.gov/2012/01/ breaking-bad-habits

Neil, A. S. (1984), *Summerhill*. New York: Hart Publishing.

Oi, M. (2015). *Tackling the deadliest day for Japanese teenagers*. August 31, 2015. BBC: http://www.bbc.com/news/worldasia-34105044

Oommen, A. (2014). *Factors Influencing Intelligence Quotient*. J Neurol Stroke 1(4): 00023. DOI: 10.15406/jnsk.2014.01.00023

Paul, Annie Murphy (2010). *Origins: How the Nine Months Before Birth Shape the Rest of our Lives*. Carlsbad, CA: Hay House, ebook edition.

Paul, Annie Murphy (2010a), *The Womb. Your Mother*. Yourself. Time, October 4, 2010, p. 50— 55.

Pew Research (2018). New *Age Beliefs Common Among Both Religious and Nonreligious Americans*. http://www.pewresearch.org/fact-tank/2018/10/01/new--age-beliefs-common-among-both-religious-and-nonreligious-americans/

Plato (1997), *Collected Works*, edited by John M. Cooper. Cambridge: Hackett Publishing.

Schlender, Brent (1998). The Bill & Warren Show. *Fortune*. https://money.cnn.com/magazines/fortune/fortune_archive/1998/07/20/245683/index.htm.

Sgharfe, Hartmut (2002*). Education in Ancient India*. Boston: Brill.

Stevenson, Ian (1977). "*The explanatory value of the idea of reincarnation*", The Journal of Nervous and Mental Disease, 164(5), pp. 305-326.

Stevenson, Ian (1960). The *Evidence for Survival from Claimed Memories of Former Incarnations*. Booklet reprinted from the Journal of the American Society for Psychical Research, 54:51-71, 95-117.

Stevenson, Ian (1980). *Twenty Cases Suggestive of Reincarnation*, second (revised and enlarged) edition. Charlottesville, Va: University of Virginia Press.

Stevenson, Ian (1993). "*Birthmarks and Birth Defects Corresponding to Wounds on Deceased Persons*." Journal of Scientific Exploration, Vol. 7, No. 4, pp. 403-410, 1993. https://www.scientificexploration.org/docs/7/jse_07_4_stevenson.pdf

Stevenson, Ian (1997), *Where Reincarnation and Biology Intersect. Wesport*, CT: Praeger.

Stipek, D., and Seal, K. (2001), *Motivated Minds*. New York: Holt Paperbacks.

Sullivan, Erin (2018). *Self-Actualization*. Encyclopaedia Britannica 2018 online edition.

Telegraph, The (2009). *Most people believe in life after death*, study finds. https://www.telegraph.co.uk/news/religion/5144766/Most-people-believe-in-life-after-death-study-finds.html.

Livros para viver melhor!

Em boa hora este pequeno, mas conciso e profundo livro é publicado na língua portuguesa, buscando chamar a atenção para a importância de um processo educacional libertador, que vise trazer à tona as mais altas capacidades do ser humano, que não se expressarão apenas no nível profissional, mas numa dimensão existencial bem mais ampla. Deve-se proporcionar à criança o terreno fértil para que sua consciência possa germinar, crescer, florescer e frutificar através de uma vida plena e integrada, promovendo naturalmente o bem comum, e não apenas o interesse pessoal, seja no ambiente familiar, profissional ou social. Nesta obra, encontra-se o pensamento sobre educação de autores que marcaram o destino da humanidade, como H. P. Blavatsky, Jiddu Krishnamurti, Annie Besant, Sri Ram, C. Jinarajadasa, além do autor e compilador Vicente Hao Chin Jr., que vem dedicando grande parte de sua vida à educação de crianças e de jovens.

gráfika
papel&cores
Fone:61 3344.3101